独立　業後
副業
定年後
子育て中
介護中
…
誰でもできる!

じつは稼げる[プロ講師]という働き方

濱田秀彦

阪急コミュニケーションズ

はじめに

講師業で生計を立てているのはどんな人だと思いますか？

「オーラが出せるようなカリスマ性のある人」
「華々しい実績を持っている外資系のコンサルティングファーム出身者」
「マスコミに取り上げられるような有名人」
「弁護士、公認会計士など特別な資格の保持者」
「一瞬で人を惹きつけられるようなすごい話術を持っている人」

こんなイメージではないでしょうか。もちろんそういう人もいます。でも、それは講師業で生きている人の10％以下。残りの**90％以上の講師は、ごく普通の人です。**

この本を手にとっていただいているあなたが、「講師業に興味はあるけれど、自分は普通の人間だから講師で生きていくなんて難しいだろう」と思っているとしたら、それは違います。いま、講師業を営んでいる人の多くは、かつて自分のことをそう思っていた人々なのです。

かくいう私もそう考えていたひとりです。私はいま、講師業で生きていますが、自分がそうなるとはデビューの3カ月前まで思ってもいませんでした。それまでの私は、研修を売る会社でセールスマンをしていました。トップセールスになり、セールスマネージャーにもなりました。講師を売る側だったわけです。研修関連の業界にいたものの、講師の経験はゼロ、講師になるためのトレーニングすら受けたことはなく、著作は一冊もなし。

その後、システム関係の仕事で独立しました。独立して間もないある日、以前の上司から電話がかかってきました。「講師をやってみないか」と。

最初は大変驚きました。心の準備もできておらず、どうお断りしようか考えたものです。ただ、よく話を聞くと自分が得意としていたパソコンの操作研修で、ある企業のパソコン初心者に近い方々を対象にワードとエクセルの使い方を1日で教えるというものでした。それならなんとかやれそうな気もしてきましたし、他にスペックの合う候補がいないということでしたので、お受けしました。

こうして、思わぬ形で講師デビューしたのですが、これが意外に好評で、その後も同じ内容のコースを10年間に渡ってやらせていただいた上に、アクセス、パワーポイント、プレゼンテーションまでコースが増えました。

その間、他の企業で新入社員研修の講師が足りず、人数合わせ的に担当したことから、中堅社員、リーダー、管理者研修まで受け持つようになり、気がつけばいまや年間120日も講師として稼働し、12年間で1000回、1万5千人以上の受講者の皆さんとご一緒してきました。ちなみに、講師業で得てきた平均収入は、会社員時代の3倍です。

私にはカリスマ性もなければオーラも出ません。むしろ集団の中では目立たないタイプです。特別な資格も持たず、グローバルな経歴もありません。わかりやすく話すことはできると思っていますが、一瞬でファンにさせてしまうような芸当はできません。

自分が特別な才能を持っていると感じたことはなく、いまでも、「自分は講師に向いていないのではないか」と自問します。講師業が天職だとはとうてい思えません。そして、私の周りには、私と同じような講師が大勢います。

そんな私が、なぜ講師をやってこられたのか。あえて要因を挙げるとすれば、「**研修業**

界の暗黙のルールを熟知していた」ということだと思います。

研修エージェントのセールスマンと、どのようにやりとりすればよいのか、クライアントの前で言っていいことと悪いこと、研修中のトラブルへの対処法、研修後のフォローなど、研修業界には独特のルール、マナーがあります。これをよく知っている講師は使いやすいのです。

私は長らく「売る側」として、講師を見てきました。講師になってからその経験が活き、使いやすい講師として徐々にビジネスを拡大することができたのだと思います（講師のルールとマナーについては、本文で詳しくご説明します）。


ここまでの話だけでも、かなり講師業のイメージは変わったのではないでしょうか。講師業は外からはわかりにくい世界で、誤解も多いのです。

セミナーで著名人が90分話をするのは講師としては極めて特殊なケースで、**最も多いのは、会社員出身の無名の人が、半日から2日程度の研修を担当するという形態**です。

また、**独立自営であってもオフィスは持たず、自宅でパソコンと携帯電話を使って仕事を進め、年収700万～1000万円を得るというローコスト、ローリスクなビジネスモデルが一般的**です。本書の目的は、このような普通の講師のリアルな姿をご紹介することで、読者の皆様に「講師業」を現実的な選択肢としてとらえていただくことにあります。

昨今では、早朝やアフターファイブ、あるいは休日を使って勉強会に参加し、自分を磨きながらも、「今後にどう活かせばよいか」を具体的にイメージできない方が多いようです。豊富な経験を積んだ方が、定年を迎えることも増えています。また、能力がありながら子育て、介護などの事情で平日にフルタイムで働くことが難しい方もいらっしゃいます。

そんな皆様に、**タイプ別の年収イメージなどを含めて、現実的な選択肢としての講師業を紹介する**のが本書のねらいです。

この本を読んで、すぐに講師を目指すのもよいでしょうし、将来の道のひとつとして考えるのもよいと思います。あるいは、当面考えるのはやめるということでもよいでしょう。

そういう判断をするには、講師の実態を正確に知っていることが必要です。ところが、それを知るための書籍は見あたりません。著名人であることが前提になる講演業の本、スピーチ力を磨けばスター講師になれるといった本ばかり。これでは判断ができません。

そこで、「講師の実態を明らかにして、読者の皆様が客観的に検討できる材料を提供しよう」と考え、本書を執筆することにしました。

幸い、**私は講師を売る立場、講師をする立場の両方を経験しています。**講師を売る立場として、少なくとも５００人以上の講師を見てきました。その経験から、**どんな人が講師に向いているのか、どんな能力を持っていると使いやすいのか、どんなジャンルにニーズがあるのか、守るべきルールは何なのか、**などを熟知しています。

また、講師をする立場から、**仕事をどうやって受注すればよいのか、受注した仕事をどのように進めればよいのか、研修後に何をすればよいのか、どうやって生活を組み立てていけばよいのか、**といったことも知っています。

つまり、「講師業」に両面から光をあて、立体的に実態をご紹介できるポジションにいるわけです。

読者の皆様は、本書を通じ、「自分が講師として活動するとすれば、どんな風にデビューして、どんな生活になるのか」がイメージできるでしょう。

本書には事例として様々なタイプの講師が登場します。一般的な講師モデルだけでなく、収入よりやりがいを求めて定年後に講師デビューした人、子育てと介護をしながら年に20日間講師をすることで家計にプラスアルファの収入をもたらしながら社会との繋がりを維持している女性講師、会社員を続けながらサイドビジネスとして時々講師をやる人などが出てきます。

人物タイプも様々で、世間一般で思われている講師のイメージにはほど遠いような印象の薄い人、アガリ性な人、口べたな講師も出てきます。また、担当するテーマもコミュニケーション、ビジネス思考、財務、法律、意識変革など様々です。

このような事例の中から、自分に近い講師像を見つけていくとよいでしょう。本文には講師適性を判定するテストも用意しました。

将来独立を考えているなら、講師業は体ひとつでできるローリスクなビジネスモデルとして有効な選択肢です。

さあ、ご自分の中にある講師としての可能性を見つけていきましょう。

平成23年4月

濱田秀彦

じつは稼げる「プロ講師」という働き方

目次

3 講師は実際にどんな仕事をしているのか

4 こうすれば収入・スキルはアップできる

5 あなたの「講師度」シミュレーション

6 デビュー前の疑問に答えるQ&A

装丁・本文デザイン　轡田昭彦／坪井朋子

1

講師業は誰にも身近な選択肢

講師は誤解されやすい職業です。選ばれたひと握りのスーパースターのような人達がなると思っている方も多く、イメージが一人歩きしています。

実は、決してそのようなことはなく、誰もが現実的な選択肢として考えられるひとつの職業です。誤解を解くために、まずは、様々なタイプの講師の実像を紹介します。

この章を読み終える頃には、講師を身近に感じ、自分の中にある講師としての可能性が見えてくることでしょう。

1 講師のほとんどは普通の人

この本で取り上げる「講師」とは、研修やセミナーを担当することで収入を得ている人のことです。活動の場は広く、企業に出向いたり、セミナー会場に行ったり、ときには学校に行ったりすることもあります。

講師の中で世間的に目立つのは、テレビやマスコミでよく取り上げられる著名人です。実施するのは90分程度の講演で、ほとんどの場合、一方的に話して終わり。講演料は10万円以上になる場合もあります。しかし、こういう人々は講師業界の中でも10％にも満たない存在です。この本はそういう講師を目指すためのものではありません。こういうタイプの講師を目指すなら、講師になる以前に有名になる方法を考えなくてはならないからです。この本が想定する講師は、残りの90％、平均的な像は次の通りです。

- **自営業者として青色申告をしている**
- **自宅を事務所にしてパソコンと携帯電話で業務を進めている**
- **年間100日程度講師として稼働している**
- **担当するのは半日〜2日の研修あるいはセミナー**
- **年収は700万〜1000万円**

中にはもっと稼いでいる人もいますが、この本で目指す「普通の講師像」では2000万円が限度だと思います。著名人講師とは違い、主催者や研修エージェントとの打ち合わせのほか、研修の企画を練ったり、資料作りもしなければなりません。そういうことをしながら講師として稼働しますので、限界があるのです。

ちなみに私も講師ですが、私の場合はシステム業もやっています。会社形式にしており、オフィスも借り、社員も雇っていますので、講師業の稼ぎがすべて懐に入るわけではありません。自営だったら上限ぐらいの収入になるのかもしれませんが、実情は右のモデルのようなものです。

普通の講師は普通の人でもあります。風貌は典型的な会社員。男性講師、女性講師ともに服装は堅めのスーツです。最近は会社員の中にもノーネクタイで髭をはやしている人がいますから、会社員よりよっぽど会社員らしいと言ってよいでしょう。生活も質素で、高級外車を乗り回している人などあまり聞いたことがありません。

普通の人と違うのは自由度です。研修のない日は何時に起きようと構いませんし、仕事が早く片付けば、5時前に帰ろうが出かけようがなんでもアリ。残業しようと思えば誰に気兼ねすることなくできる、まさに働き放題、遊び放題です。その上、通勤もなければ会議もなし、人事考課で査定されるストレスもありません。出世を気にすることもないですし、そもそも社長です。さらに定年もありません。

もちろん、会社員に比べれば収入は不安定ですが、仕事の受注の仕方によっては安定させることもできます。私の場合、**過去10年間の年収の変動は10%以内**です。会社員が安定していたのは遠い昔の話。いまや、会社勤めも様々なリスクをはらんでいますから、その差がそう大きいとは思えません。

これらが平均的な講師像ですが、このほかにも様々なパターンがあります。例えば、**定**

年を迎え、収入よりも生きがいを求めて講師をしている方がいます。そういう方は、講師料を気にせず、時には無償で登壇します。また、**子育てや介護などで、フルタイムで働くことが難しい方が講師として活動**しています。中には、**企業に属したまま週末や有給休暇を使って講師をしている人**もいます。この章では様々な働き方をタイプ別にご紹介していきます。

また、講師には様々な人物タイプがいます。例えば外見がパッとせず、**口ベタな講師もいます**。

講師になる以前、私は大手の研修会社で講師を売る側のセールスマンを10年間やっており、５００人以上の講師を見てきました。

本当にいろいろな講師がいます。例えば、他の研修セールスマンからよい講師だと言われて会ってみると、なんだか地味でボソボソと話し、「この人大丈夫かな？」と心配させるような人がいました。信用できるセールスマンの紹介だったので思い切って企業に紹介したら研修が決まりました。

研修当日、不安は現実のものになりました。冒頭の講義でボソボソと話しはじめたときには冷や汗をかいたものです。しかし、終わってみるとその研修は大変好評で、すぐにリピート受注が決まりました。体験型の実習を数多く取り入れ、受講者を飽きさせず、ときどきボソッと言うコメントの納得度がとても高かったからです。

他にもいろいろなタイプの講師がいます。担当テーマもスキル系、マインド系など数多くあります。これらは追ってご紹介していくことにします

もう、講師が特別な人々だとは思わないでしょう。華やかな生活、すごい人物像をイメージしていた方は少しがっかりしたかもしれません。でも、この本ではリアルな講師の実態をご紹介した上で、皆さんに講師業にどう関わるかを判断していただきたいのです。「講師って普通の人なんだ。自分にもできるかも」と思ったとしたら、その感覚は正しいです。

2 無名でも年収1000万円はよくある話

講師の大半は有名人ではありません。著作を持っていたり、テレビや雑誌で顔を知られている人は少数派です。それでも、年収1000万円はよくある話。**デビュー後、3年ぐらいで年収1000万円に到達**というのが、私の周囲の講師達の平均です。そして、そのラインに到達すると講師としてやっていける安心感が得られます。

1000万円は大きな数字ですが、必要な額でもあります。講師の多くは自営業者で、社会保険は国民健康保険と国民年金。退職金はありません。会社員よりなにかと自費負担も多いので、大台をねらいたいのです。

1000万円の収入内訳は、ほとんどが講師料です。人によっては、マニュアル執筆や調査レポート作成、各種試験の作問料、採点料などを得ているケースがありますが、収入の軸になるのは講師料でしょう。

講師料は、主に日当として支払われます。単純に言えば、日当×稼働日で年収が決まります。平均10万円の講師料で100日稼働すれば1000万円という計算です。ただ、話はそう簡単ではありません。

日当は1日か半日かで多少の差がつきます。実際のところ、半日であっても他の仕事は同じ日に入れられませんから、拘束は1日と同じです。だからといって、「1日分ください」とは言えません。また、国家試験の受験指導をしている講師などは、時給の場合もあります。平日の夜間数時間、休日の数時間といった受け持ちになることが多く、日当では設定しにくいのでしょう。

気になる日当、時給の額ですが、これは非常に幅の大きい世界です。**日当でいうと、5万円から20万円まで、時給でいうと7千円から2万円**といったところが一般的なところでしょう。

講師料は多くの場合、主催者である企業、セミナー会社、あるいは研修エージェント側から提示されます。「予算はこのぐらいですがどうですか？」と聞かれ、講師側が検討し、請けるか否か返事をします。

ここが難しいところです。少なめの予算設定の仕事を請け過ぎて日程が埋まると、ほかから条件のよい仕事を打診されてもお断りすることになってしまいます。一方、金額が少ないからといって断って、他の仕事が来る保証はありません。

また、金額が少ないという理由でお断りすると、先方との関係は途切れてしまう場合が多いもの。義理人情もあいまって、悩むところです。

単価については、結局のところ、自分の市場価値を客観的に評価し、トータルでどう組み立てるかを考えて判断するしかありません。

ちなみに、講師料に学歴は関係ありません。東大を出たからといって上乗せされるわけでもない、まさに実力主義の世界です。

組み立てのもう一つの要素が稼働日数です。稼働日は多い方が年収は上がりますが、限度があります。本書で標準にしている**「普通の講師」は年間150日ぐらいが上限**でしょう。多くの講師は企業研修や公開セミナーを舞台にしています。年末・年始や夏休み期間は主催者が研修を実施しにくい時期。また、年度末、月末・月初、連休の合間など設定しにくい時期もあります。企業では土曜日に研修を行うケースはありますが、日曜はあまりやりません。設定可能な時期は年間200日ぐらいだと思います。

この200日、すべて稼働するのは困難です。まず、移動日があります。遠方の会場で前泊が必要な場合、前日には研修の仕事を受けられないことがあります。

さらに、研修資料を作る時間も確保しなくてはなりません。私の知っている講師で、研修が終わった後、深夜に資料を作成し、200日近く稼働していた猛者もいましたが、そういうやり方を長く続けることはできません。体調管理も大変ですし、準備不足は品質に影響します。インプットも少なくなり、ネタが古くなっていきます。そうなると仕事は徐々に減っていってしまうものです。

こういったことを考慮すると、年間の稼働日は100~120日程度がいいところだと思います。打ち合わせや資料作成、トークの整理などの準備時間をしっかりとり、インプットのために様々な文献を読み込んだり、人に会ったりすることを考慮すれば、そのぐらいになるでしょう。

講師はこのように、単価×数量で組み立てをして年収を作っていきます。章の冒頭で、私の周囲の講師がデビュー3年後に年収1000万円に到達していった例を挙げました。

3年の間にやるのは、**リピート受注を確保しながら新規の受注を上乗せして稼働日を増やし、徐々に単価を上げる**ことです。具体的な方法はこの後で説明します。

講師にとって1000万円は決して夢の数字ではなくねらうべきリアルなもの。そして、組み立て次第で十分に可能な額だということです。

3 タイプ別・講師の日常生活——概要と年収

この項では、講師をタイプ別に分け、活動と年収のイメージを紹介していきたいと思います。モデルケースを挙げますので、ご自分にとって最も望ましいスタイルを見つけていただければ幸いです。なお、文中の名前はすべて仮名です。

タイプ①——独立専業講師

鈴木 孝さん（38歳）

中堅電機メーカーの営業企画担当として新人営業マンの教育に携わり、商品研修の社内講師も務めていた。研修を受けるのも好きで、研修で出会う外部講師に興味を持っていた。ある日、ネットで研修エージェントが主催する講師養成コースを発見。試しに応募してみたところ面接を経て受講が決まった。土日を中心に7日間の講座に参加。養成コースの実習を見た主催エージェントの担当者は、鈴木さんの講師適性を高く評価した。

そして、講師デビュー。会社勤めを続けながら、休日や有給休暇を利用し、月に1〜2日プロ講師として稼働をはじめた。

自信もついてきた1年後に独立開業。個人事業主として自宅をオフィスにしてスタート。携帯電話とメールが主なコミュニケーションツールだった。独立開業にかかった費用は、新規に購入したパソコン、文具の購入費、名刺作成などを含めて20万円程度。

初年度の年収は400万円。講師としての稼働は60日。主に新入社員、若手社員向けの研修を担当。講師養成コースの主催エージェントの仕事のほか、知人から紹介された他の研修エージェントからの仕事も担当した。

その後、さらに他のエージェント会社との関係も作り、2年目は500万円、3年目は700万円と年収を増やした。担当する研修も中堅社員向けから監督者層に拡大。4年目に1000万円の大台に乗り、向こう3年程度は活動のメドがついている。

これまで本書の標準として紹介してきたタイプです。青色申告の自営業者が多く、自宅を事務所にし、ＰＣメールと携帯電話をコミュニケーションツールに活動するスタイルです。

なお、法人の形態をとっている講師もいます。平成18年に株式会社の最低資本金の規制がなくなったことから、株式会社でスタートする講師もでてきました。法人化する動機は「自分の会社を持ちたい」という場合が多いようです。

私は個人事業主からはじめ、その後法人にしました。兼業していたシステムの仕事を請け負うために、法人化せざるを得なくなったというのが実情です。講師業に限って言えば、法人化のメリットを感じたことはほとんどありません。収入と税金の関係でも、とくに法人が有利ということはなかったです。

講師業だけでいくならば、個人、法人の形態はどちらでもよいと思います。

開業にかかる費用は、先に挙げた程度でしょう。基本的に講師業は体ひとつでできるもの。**先行投資も不要で、ローリスク**であることが魅力です。

このモデルの主人公、鈴木さんは、社内で研修担当をしており、自然にデビューできました。また、研修エージェントを活用して年収を増やしています。これが最も妥当な方法だと思います。ただ、デビューまでの道や拡販の方法は他にもいろいろあります。それは次の章でご紹介します。

タイプ②——スクールインストラクター

高橋幸江さん（32歳）

ネット系ベンチャー企業の事務担当として、文書管理の仕事に携わっていた。パソコン操作の腕前には自信を持っており、特にデータベースソフト、アクセスについては、他の社員から質問され、教えることがよくあった。また、個人的に勉強してマイクロソフトオフィシャルトレーナーの資格を取得。活用の場を考えていた。

そのような状況の中、大手パソコンスクールの事務局に転職した友人から連絡があった。アクセスのコースでサブ講師が急に必要になったということだった。こうして臨時のサブ講師を担当したところ、指導内容が好評で、スクールの役員から本格的にインストラクターになることを勧められた。

いろいろ考えた末に、インストラクターになることを決意。29歳で会社を退職し、フリーの講師となった。

初年度の年収は２００万円。週に3回スクールに出勤してコースを担当するほか、ときおり企業に派遣され研修を担当した。

その合間をぬって、コンピューターネットワーク系の勉強を進めた。２年目はネットワーク系のコースも受け持ち、年収は３５０万円に増えた。

3年目、システム企業系の研修会社の仕事も兼務するようになる。ネットワーク関連資格の受験対策講座を担当し、年収は４５０万円になった。今後も仕事は増えていく見通しである。

スクール系インストラクターの年収は、先の独立専業講師より低めに設定されることが多いようです。スクールのように個人から料金をとるビジネスは、上代価格を抑えるため、講師料も抑えられます。ただ、スクールはスケジュールがはっきりしており、講師としては**予定が立てやすく、仕事も安定的に入る**というメリットがあります。

このモデルの高橋さんは、パソコンのインストラクターです。かつてパソコンスクールはインストラクターの代表的な活躍の場でしたが、昨今は厳しくなっているようです。

多くの人々にとって、ワードやエクセルはわざわざ習いに行かなくてもできるものという位置づけになりました。会社が費用を負担して社員にパソコンを習得させることも少なくなり、法人需要は激減しました。私も以前、企業向けにオフィスソフトの研修をやっていましたので、そのことは痛感しています。

一方で、ネットワーク系の技術者養成のニーズは堅調です。高橋さんはそのことがよくわかっており、自ら道を切り開いていきました。

パソコンのほかにも様々なスクールがあります。資格取得、英会話、マナー、アロマテラピーなど多種多様です。いずれも、個人から料金をとるビジネスモデルが中心で、講師料は全体的に抑えめな傾向にあります。

収入だけを追うならスクール系は不利ですが、やりがいを感じるテーマがあって、予定と仕事の安定を求めるならば、スクールインストラクターも選択肢のひとつでしょう。

タイプ③——週末講師

佐藤一郎さん（53歳）

大手石油会社の管理職として経理業務に従事している佐藤さんには、もうひとつの顔がある。それは、対人関係セミナーの講師。個人向けのセミナーで、かつては佐藤さんも受講者だった。基本コース、アドバンストコースを受講し、インストラクターの資格もとった。

そして、セミナーの助手をするようになり、主催団体の理事長に認められ、講師デビューした。いまでは月に数回、年間15日ほど、土日のコースを担当している。

セミナー講師として得られる年収は50万円。これに、石油会社の管理職として得ている700万円を加えた額が年収だ。講師業は、収入よりも生きがいとしてやっている。何よりも受講者からかけられる感謝の言葉が嬉しい。

まもなく役職定年を迎えるが、その後も会社には所属し続ける。60歳までは、会社にいながら、趣味と実益を兼ねて週末講師を続けるつもりである。

今後はこういう人も増えるでしょう。個人向けセミナーの中にはNPOなどが主催する低料金のものも数多くあります。その場合、講師料の設定は低めになります。また、個人向けですので、開催日は土日に集中します。

そのようなセミナーの主催団体にとって、企業に所属しながらボランティア精神で担当してくれる佐藤さんのような講師は非常にありがたい存在です。ご本人も、喜びが得られ、

定年後の活躍の場にもなるのですから双方にメリットがあります。

デビューまでの道は、佐藤さんが典型例です。受講者として興味を持ち、好きで続けているうちにチャンスがやってくる。これが自然な流れです。

ただし、企業に属しながら講師をする場合、注意したいことがあります。それは、副業規程です。副業禁止になっている企業に所属していれば、報酬を伴う仕事はできません。週末講師の中には、ペンネームならぬ講師ネームで活動している人もいますが、リスクはあります。

報酬を返上すればリスクはなくなりますが、それは悩むところでしょう。結局、本人が判断するしかありません。

近年、賃金の抑制とともに副業規程を緩和する企業も増えてきましたし、もともと副業に寛容な会社もあります。今後は週末講師が大手を振って活動できるようになっていくのかもしれません。

高齢化社会のビジネスモデルとして、能力と経験のある方が、定年後に講師として活動するのはとてもよいことだと思います。そのための準備も兼ねた週末講師は魅力的な選択肢です。

タイプ④――シーズン限定講師

田中 進さん（40歳）

父の経営する工務店の役員をしているが、毎年、4月と10月は講師に変身する。担当するのは各社の新入社員研修。春は入社時、秋はフォロー研修だ。

田中さんは以前、研修会社の社員で講師をしていた。熱血指導が好評で、人気講師だった。しかし、工務店を経営する父が脳梗塞で倒れたのを期に37歳で退社。いまは、回復した父とともに会社を支えている。

退社後、以前勤めていた研修会社の後輩から熱望され、春の新入社員研修のみ担当することにした。クライアント企業の評価も高く、秋のフォロー研修のオファーも受けて出講した。その後、3年間に渡り、春と秋だけは講師をしている。

講師としての稼働は4月の上旬と10月中旬あわせて10～15日程度、その分の収入は平均100万円。

いずれ父の工務店を継ぐことになるが、講師業も好きで、できる限り続けていきたいと考えている。

こういうこともできるのが、講師業の魅力です。特に新入社員研修は4月上旬の2週間ほどの間に集中し、大量の講師が必要になるもの。季節限定の講師という働き方も成り立ちます。

田中さんのようなケースの他にも、小規模企業に勤めている人が、ある季節だけ講師を担当することはよくあります。大企業より融通が利くということなのでしょう。

「講師業が好き」というだけでなく、実利を求めてというケースもあります。特にビジネス系の研修はある程度の報酬が見込めますので、**春先だけで50万円以上の講師業収入**を得る人もいます。

ただし、シーズン限定講師になる道は限られます。フルシーズン働くことができない講師に声がかかるには、それなりの信用と実績が必要だからです。そう考えると、これから実績を作っていこうという人には、あてはめにくいモデルではあります。

タイプ⑤——主婦兼講師（子育て・介護）

渡辺美由紀さん（38歳）

小学校5年の息子と小学校2年の娘を持つ子育て主婦。夫と子供達との4人家族。以前は派遣会社に勤務し、派遣登録者に対するマナー研修講師をしていた。育児に加え、実父の介護を母、姉とともに担う必要が生じ、会社は退職した。ただし講師は続けている。

講師を担当する日は、実家の母に来てもらって子供の面倒を見てもらう。また、その日の父の介護は姉に頼む。年に1～2回、どうしても母と姉の予定がうまく組めない日があるが、そのときは夫が有給休暇をとって子供達を見てくれる。

講師として稼働するのは年間で25日程度。収入は平均すると150万円。住宅ローンや子供の教育費がかかる中、貴重な収入になっている。

それにも増して、社会と繋がっているという実感が、気持ちの面で大きなプラスになっている。

女性講師の中には、こういう人が結構います。企業の正社員としてフルタイムで働くのが難しくても、講師はできます。

一般に、**講師業のオファーは研修日の1カ月前までには来ます。**開催通知を1カ月以上前に出す必要があるからです。それだけ先のことならば、事前に段取りができます。主婦兼講師が可能になるのは、このような理由によります。最近は、各社の経費削減の影響で宿泊研修も少なくなり、主婦兼講師がますます働きやすくなりました。

主婦兼講師を実現するために、最もよいのは渡辺さんのように講師の経験をしておくことです。早いうちに講師の経験をしておき、後の選択肢として持っておくとよいでしょう。ただ、専業主婦になった後に講師デビューする人もいます。その場合、先の週末講師のような形から入り、実績を積んだ後に企業研修に広げていく人が多いようです。

主婦兼講師の場合、特定のニーズが存在します。企業研修で、受講対象者に育児や介護をしながら働く女性が多いケースです。特にコミュニケーション系の研修では、同じような環境にある講師のほうが共感を得やすいのです。難しい心理学の用語も、子育てにたとえて説明すれば「なるほど」と理解しやすくなりますし、受講者はプライベートなことも含めて相談してみようという気になります。

能力とやる気はあるけれど、制約があってフルタイムで働けない女性のステージとして、講師業はよい選択肢だと思います。

以上、５つのモデルケースを挙げて、講師の活躍イメージを作っていただきました。講師の働き方は多種多様であることが、ご理解いただけたと思います。

4 講師業のメリット

改めてビジネスとしての講師業のメリットを整理してみましょう。

まずは、金銭的なことから。

①**日当が高額**（５万～20万円）
②**初期投資はほとんど不要**（必須なのは名刺程度、他はすでに持っているもので済む）
③**ランニングコストが少ない**（通信費、コピー費、文具費、打ち合わせ時の交通費ぐらい）

つまり、**独立して個人事業でローリスクな経営**をするのに向いているわけです。実際のところ、講師業で独立するのに借金をしたという話は聞いたことがありません。

次に、精神的な報酬です。

①1回の研修が終わる度に得られる「やり遂げた感」
②受講者から感謝されることで生まれる喜び
③自分という人間が体ひとつで稼げているという自己肯定感

このほかにも、講師によっては、「教える」という行為そのものに喜びを感じる、他人の人生に関わっている自分を誇りに思う、ということがあるようです。

私自身は、教えることが嬉しいという意識はなく、専門分野が直接人生に関わるものではないため、①～③が主な精神的報酬になっています。なかでも「体ひとつで稼げている」ということは大きく、「なにも持たなくてもなんとか生きていけるものだ」という安心感につながっています。

以上が講師の金銭的、精神的なメリットです。

第一章はここまでです。講師業がだいぶ身近に感じられるようになってきたことでしょう。次の章では、「講師としてデビューするまでにどのようなことが必要か」をご紹介します。

2

あなたの講師デビュー最短シナリオ

「講師になるのもいいかも」と思ったら、次に気になるのがデビューまでの道のり。この章では、どんなことをすればデビューできるのか、ご案内します。あなたが最短距離でデビューするためのノウハウを、自分にマッチしたデビューパターンやテーマ選びから、業界知識、業界への接近法までご提示します。

1 デビューまでの主なパターン

まずは、デビューまでの道のりを分類し、それぞれ見ていきましょう。

パターン①——研修エージェントと二人三脚

現在、専業講師をしている人々の中で最も多いのがこのパターン。研修エージェントがクライアント企業に推薦してくれることでデビューできたケースです。

ここで、研修エージェントについて少し説明しておきます。研修エージェントとは、企業に研修を販売している機関です。大手で有名なのは、産業能率大学、日本能率協会、リクルートなど。金融やシステムなど業界に特化した機関もあり、個人でやっているものも含めれば星の数ほどのエージェントがあります。

スクール専業講師を除けば、ほとんどの講師が研修エージェントの世話になっています。営業活動は研修エージェントにしてもらい、講師は個々の研修の中身をよりよいものにすることに注力するのが、業界の一般的な役割分担です。

この研修エージェントが、デビューにあたって強い味方になります。**案件を持っており、講師の選定に強い影響力を及ぼす**からです。最終的に講師を選択するのはクライアント企業ですが、研修エージェントのお勧めは結構効きます。私が研修エージェントの営業マンだった頃、クライアント企業に複数の講師を紹介すると、必ずと言っていいほど「お勧めはどの講師？」と聞かれました。そして、多くの場合、こちらがお勧めした講師に決まります。このような形で研修エージェントが勧めたことで、デビューできたという講師が多いのです。

ただ、研修エージェント側もギャンブルはできません。クライアント企業の信用を損なうと次のビジネスがやりにくくなります。そのため、講師をデビューさせる場合は慎重になります。講師としてどの程度の実力がありそうか、事前に把握しようとするのは当然です。デビュー前の講師にとっては、**実力を見てもらう機会をどう作るか**ということが問題になってきます。

研修エージェント主催の講師養成コースに参加していれば、模擬講義などの場面で実力を見てもらうことができます。また、NPOなどが主催する個人向けのセミナーで経験があれば、ある程度実力の裏付けにはなります。このような形で力を評価してもらうのがよいでしょう。

そういった裏付けなしにデビューできた幸運な人もいます。研修エージェントの担当者の中には「目《め》利《き》き」と呼ばれる人がいます。会って話すだけで、相手の講師適性を見抜くことができるという特殊な才能のある人です。「目利き」の方に出会い、その方がクライアント企業に強く勧めたことで、デビューできることがあります。

いずれにせよ、研修エージェントに接触するのがデビューの近道です。グーグルで**「研修講師」「募集」**とキーワードを入れてみてください。数限りなくヒットします。それらのエージェントにアプローチしてみるとよいでしょう。うまく面会できれば、今後、自分の経歴にどういう経験を加えていけば講師になれるのか、ヒントも得られます。

研修エージェントの担当者には、「新しい講師を使ってみたい」という願望があります。いつも同じような講師で同じような内容をやっていては面白くないからです。また、講師を育てることにやりがいを感じるエージェントの担当者もいます。自分の育てた講師は使いやすいというメリットもあり、**エージェントは絶えずフレッシュな講師を求めているも**のです。

パターン②――師匠について修行

私の周囲には、現役の講師に弟子入りし、デビューしたという人も複数います。出会いは「その講師のセミナーに参加して」ということが多いようです。一般的なパターンをご紹介すると、次のようになります。

①セミナーに参加したところ、講師・内容ともに大変興味深いものだった
②休憩時間（あるいは終了後）に名刺を持って挨拶に行き、講師の名刺をもらった
③講師宛にお礼のメールを出した
④後日、その講師が登壇する他のセミナーに参加し、休憩時間に挨拶
⑤また別の研修で挨拶して顔見知りになった
⑥お礼のメールとともに、講師志望であることを打ち明けた
⑦講師に会い相談して弟子入りした

⑧会社勤めを続けながら、ときどきサブ講師として研修を手伝うようになった
⑨経験を積み、師匠から仕事を分けてもらいデビュー

この中でポイントになるのは、⑥のメールの文面です。「将来、先生のような講師になりたい。ついては、勉強のため手弁当で構わないのでお手伝いをしたい。一度お会いしてご相談できないか」という感じになるでしょう。このような話は、セミナー会場ではできませんので、メールになります。

そのメールを出したら、講師の反応待ちです。**会ってくれる可能性は五分五分**だと思います。

このような申し出は講師にとってはありがたいものです。企業研修や公開セミナーでは、助手がいると大変助かります。例えば、ペア実習をやる場合、受講者が奇数だと一人余ってしまいます。講師が入って偶数にするしかないのですが、そうすると全体を見ることができなくなります。また、部下指導場面などのデモンストレーションをする際も相手が必要になります。通常は受講者にやってもらうのですが、場慣れしていない方は緊張してうまく相手ができないことがあります。そんなとき、助手がいるととても助かります。

ただ、講師も考えます。「手弁当と言ってもタダ働きさせるわけにはいかないだろう」、

「弟子入りさせたとして将来、その人の分の仕事が取れるのか」、「もし適性がなかったらどうすべきか」と心配の種は尽きません。

このようなことをいろいろ考えた上で、前向きに会うか、「話だけは聞こう」と弱含みで会うか、「無理だからお会いしても……」と断るか、という判断をするので五分五分なのです。

うまく弟子入りできたケースを聞くと、「講師が高齢で自分の仕事を継いでくれる後継者を探していた」、「サブ講師がいないと運営しにくいような、オペレーションの複雑な研修をひとりでこなしており困っていた」ということが多いようです。

営業兼務でという条件で弟子入りした人もいます。講師は個別企業に自分を売る時間もありませんし、他人に勧めてもらった方がいいビジネスです。営業マンがほしい講師はたくさんいます。ただし、この場合、講師志望者はいまの勤めを辞めなければいけませんし、多くの収入は期待できないというハードルが出現します。それを覚悟の上でないとできないやり方です。

一方、研修運営の手伝いに限定すれば、「時々有給を使って手伝う」、「週末限定で手伝う」など、いまの勤めを続けながら修業ができます。この方が講師の精神的な負担も少ないでしょう。そして、短いセッションの説明を担当し、徐々に担当する時間帯が増え、講師の都合がつかない日程の仕事を代行し……という形でデビューしていく場合が多いようです。

以上が、師匠についてデビューしていく一般的なパターンです。このような形でデビューすると、**着実に自分の実績が増える**というメリットがあります。サブ講師であっても指導したことは事実です。メインでやったとウソをつくことはできませんが、実績としてカウントすることは許されます。

尊敬できる講師と出会うことができれば、自然にデビューできるこの形はお勧めです。ちなみに、私も時々「手伝いたい」というお話をいただきます。大変ありがたいのですが、私は他に社員も抱えていますので、「申し訳ありません」とお詫びしてお断りしています。

ただ、そういう講師ばかりではありませんし、実際にこの形でデビューした人も大勢いますので、チャンスはあると思います。

パターン③――講師養成機関から

多くの機関が講師養成講座を開催しています。それに参加したことがきっかけになり、講師デビューした人々もいます。

講師養成講座を受けるメリットとしては、
①研修を運営するノウハウを得られる
②模擬講義を通じて実践力を高められる
③いろいろな方法論が学べて引き出しが増やせる
ことが挙げられます。

講師養成講座は、無料のものと有料のものがあります。

無料のものは、主に研修エージェントが行うもので、自社の講師養成が目的です。事前に厳しい審査があり、参加できる人は限られますが、その分、エージェントの講師としてデビューできる確率は高くなります。

一方、有料の講師養成講座は、広く門戸を開いています。参加しやすいのはメリットですが、注意も必要です。**高額で長期にわたるコースが多い**のです。話し方、資料の作り方、ツールの使い方、レッスンプランの立て方など、多くのトレーニングが必要ですので、長期になり、費用が高くなるのはやむを得ないと思います。

ただ、「講師になれる」ことをキーワードにして、次々に上位コースに勧誘するビジネ

ス も成立する世界です。多くの講座から有益なものを選択する「目」が必要になります。

また、講師を選ぶのはクライアント企業や研修エージェントです。長期の講師養成講座を受けたこと自体が評価されるわけではありません。あくまで本人の実力、実績が見られます。そのことは覚悟の上で、受講することになります。

有料講座を受講する方法は、これまでご紹介した研修エージェントとの二人三脚、師匠につく方法と異なり、先にまとまった費用が出ていきます。参加するか否かは慎重に考え、講師養成機関には納得がいくまで説明を求めた上で判断してください。

パターン④——先に本を出す

自分の本を出すことができれば、講師デビューのチャンスは向こうからやってきます。私もプレゼン、話し方、新人向け、管理者向けと本を書いてきました。その度に研修エージェントや全国の商工会議所などからご連絡をいただき、講師として登壇させてもらっています。そういう場合、講師実績を詳しく聞かれることはありません。

研修エージェントやセミナーの主催者は、本を読むことで、著者の考え方やネタを知ることができ、実力を推定できます。これが、講師デビューのハードルを下げることにつながります。

問題は本を出せるかどうか。講師になるより、そちらの方が大変かもしれません。企画が出版社の目にとまり、本になるまでには様々なハードルがあります。まずは、ネタを持っているか、そのネタは売れるのかといったことから、書けるのかということまでいろいろと乗り越えなければならないことがありますし、出版業界とのコネも必要です。

ただし、話すことより書く方に自信があり、珍しい経験をしているなどのネタを持っているならば、講師になるのは少し先にして、本を出すことに力を入れてみてもよいと思います。いきなり出版ということでなくても、**ブログで多くの視聴者を集める**ようになれば、出版業界からアプローチしてくることもあります。

「急がば回れ」的なこの方式もアリです。


以上、デビューまでの道のりのバリエーションをご紹介してきました。デビューに向けたイメージができてきたところで、次は少し細かい話に進みたいと思います。

2 業界を知る

講師デビューを考える上で、研修・セミナー業界の知識は重要です。知らないと回り道をしてしまうことになりかねないからです。

ここでは、研修・セミナー市場とそこで活動するプレイヤーを知ることで、業界の知識を得ることにします。

まずは、市場を大きく分けてみます。市場は法人向けと個人向けに分けられます(図1)。お金を払うのが企業か個人かということです。法人向けのビジネスを大別すると、**企業内で行われる集合研修**、**法人向けの公開セミナー**があります。そして、個人向けのビジネスはスクールと公開セミナーが中心です。

これまでの記述の中で、「研修」と「セミナー」というふたつの用語を使ってきました。一般的には、企業内で社員のみ参加するのが「研修」、参加者の制限がないのが「セミナー」という使われ方をすることが多く、本書でも、企業内が研修、公開型がセミナーという区分けにしています。

■図1　研修・セミナー市場

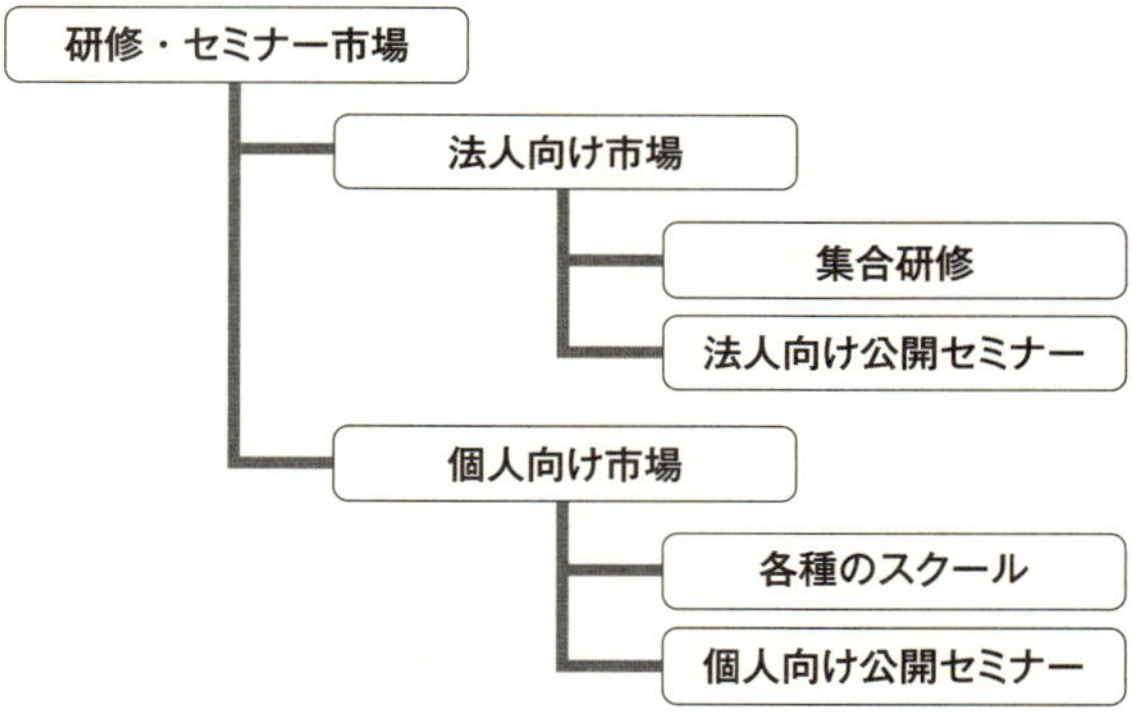

ただ、実際のところ、使い分けの境界線はあいまいで、公開講座でも「新入社員研修」という名称にすることがあります。どちらかと言えば、堅めの雰囲気を出したいときには「研修」、ソフトさ、先進性を感じさせたい場合は「セミナー」という使い分けがされているようです。

話を元に戻して、法人市場と個人市場の性格を比較してみます。

法人向け市場

２０１０年に産労総合研究所が行った「教育研修費用の実態調査」によれば、企業が社員一人あたりにかけた教育費は３万４６３３円。このデータに基づけば、従業員１０００人の会社ならば、約３５００万円の教育費を投じていると試算できます。この積み重ねが、法人向けの研修・セミナービジネス市場を形成していることになります。

ただし、教育費の中には、研修受講者にかかった交通費や宿泊費なども含まれますから、純粋な額はもっと少なくなります。

では、純粋な教育費の実態を見ていきましょう。同調査によれば、研修機関や講師に支払った1社あたりの平均額は2086万円でした。この金額は純粋な教育費と見てよいでしょう。日本には大企業だけでも1万社以上あります。単純計算すれば、そこだけでも**2000億円以上の市場**があるわけです。これに中小企業が加われば、巨大な市場になります。さらに、官公庁など公的機関の研修もあります。これらが、講師が活動する法人市場なのです。

ここで、純粋な教育費を企業がどう使うか考えてみます。まず挙げられるのが、集合研修の外部講師料と資料代、次に挙げられるのが公開セミナーへの参加費用です。そしてこれが、プレイヤーである研修エージェントやセミナー会社のターゲットになります。

法人市場をねらう機関は「集合研修の受託」、「法人向けの公開セミナー」という商品を売っていきます。このうち、法人向けの公開セミナーは、大手の機関が中心になるビジネスです。告知のための費用も必要ですし、ネームバリューがないと集客しにくいためです。

一方、集合研修の受託については、大手に限りません。極端な話、ひとりでやっているエージェントも販売できます。許認可が必要なビジネスではないので、能力と人脈があれば受託できるのです。また、集合研修の受託については、エージェントを経由せずに講師が直接請け負っている場合もあります。

これが、法人向け市場の中身です。

個人向け市場

こちらは、個人がお金を払うセミナーやスクール、マンツーマンレッスンなどで成り立つ市場です。

個人向け市場は、習い事のようなカルチャー系まで含めると巨大ですが、本書では主にビジネス系の講師が活動する分野に絞ることにします。

ビジネス系個人市場のメインプレイヤーは、**資格取得のためのスクール**です。法律、会計、情報処理、医療、建設、公務員試験まで含めると数々の資格があります。

また、資格に限らず小規模なセミナーも数多く実施されています。コミュニケーション、マナー、速読など自分磨き系のテーマで実施されるものです。

これらのセミナー、スクールも講師が活動できるフィールドです。ただ、先にも述べたように、講師料は抑えめです。

一方、個人向けのセミナー、スクールでは受講者との距離が近く、法人向け市場とは違ったやりがいが感じられるようです。例えば、長らく受験指導してきた受講者が資格試験に合格し、涙ながらに感謝の言葉をかけてくるなど、一度体験するとやめられない喜びがあるそうです。

法人市場、個人市場全体としてはこのような構成になっています。そして、どちらかに絞って展開している機関が圧倒的に多いです。私が以前に勤めていた機関では、法人向け、個人向けの両方を展開していましたが、部署は完全に分かれていました。営業スタイルが異なるため、自然とそうなるのでしょう。

個人向け市場のプレイヤーは、私たちの目に触れるよう広告を出すなどの活動をしていますので、比較的イメージしやすいと思います。一方で法人向け市場はわかりにくく、特に企業研修における研修エージェントの活動は見えにくいものです。そこで、次は研修エージェントについて掘り下げます。

研修エージェント

研修エージェントは法人向け市場における黒子《くろこ》的な存在です。ここで、一般的なエージェントの活動を私の経験を踏まえてご紹介します。

大手であれ個人であれ、研修エージェントの営業マンの活動は同じです。顧客になりそうな企業を探し、ニーズを探り、研修の企画を提案します。話が具体的になってくれば、見積書を提出し、講師を推薦し、日程調整を行います。研修が決定すれば資料を手配し、研修当日には講師を連れて会場に入ります。そして、終わった後は、企業の担当者と研修に関する振り返りを行い、次の仕事に向けた提案をします。これらが研修エージェントの営業マンの活動です。

提出する企画については、大きくふたつに分けられます。ひとつは「既製品的な研修」、もうひとつは「その企業に特化したオリジナル研修」です。どちらかというと、**クライアント企業は既製品よりも自社の状況にマッチしたオリジナルを求めます。**

ただ、既製品的な研修にもメリットがあります。何度も実施され、高く評価されているコースは、カリキュラムもよくできており、資料も充実しています。クライアント企業から見て、何をやるのか事前にイメージしやすいというメリットもあります。

そのため、多くの場合、「既製品的なコースを一部アレンジしてオリジナル色を出す」という折衷案が採用されます。

典型的な流れは、最初に研修エージェントが既製品的なコースを提案し、クライアント企業と話し合いながらアレンジしていき、最終的に独自色を出したプログラムで実施する、というものです。

この流れの中で、企画書を作るのは、営業マン、企画担当のどちらかです。

経験豊富な営業マンは、自分で企画書を書く傾向があります。その方が話が早いからです。また、小さなエージェントでは企画書作成から研修運営まで、営業マンが一貫体制で担当することが多くなります。こちらは専任の企画担当を置く余裕がないというのが実情です。

一方、経験が少ない、あるいは営業に専念したいといった理由で企画書を書かない営業マンもいます。その場合は、エージェント内の企画担当が作成します。

エージェントの企画担当は、主に企画書の作成と講師手配、場合によっては資料準備までを担当します。

整理すると、エージェントの体制は

①営業マンが企画から運営まで対応する
②企画担当が企画から運営まで対応する
③人によってやり方が異なる

という3種類に分けられます。小さなエージェントでは①が多く、大きなエージェントでは②が多い傾向がありますが、全体として最も多いのは、**人によってやり方が異なる**③のパターンです。研修エージェントは個人の力で成り立つ組織と言えます。

講師は、多様な体制に柔軟に対応していく必要があるわけです。

いずれにせよ、講師にとって研修エージェントは大切なビジネスパートナーです。なんといってもクライアント企業を探してくれ、営業してくれるのがありがたい点です。

総じて講師業は営業しにくいビジネスです。まず、講師として登壇している日は営業ができません。アポを取ろうにも、先方の都合にあわせにくい仕事です。物理的な事情のほかに、講師業の特殊性もあります。**講師が自分を売るのは難しい**のです。

例えば、講師である私が企業に電話をして「はじめまして。講師の濱田と申します。御社に紹介したいプログラムがあるので会ってください」と頼んでも先方は困惑するでしょう。いきなり講師の営業を受けるのは精神的に重たいものです。

また、講師が自分をアピールすればするほど自慢話のようになってしまい、クライアント側はうんざりしてきます。「そんなにハイレベルの講師が、なぜ自ら営業をしているのだろうか」、「本当は人気がないのではないか」と考えるかもしれません。

一方、研修エージェントの営業マンが企業に電話をし、アプローチするのは自然です。そして、「御社にマッチしたよい講師がいる。人気があるので日程がとりにくいが、早めに言ってもらえばスケジュールを押さえることはできる」というように紹介すれば、クライアントも前向きになります。

こういう事情もあって、講師はエージェントに営業を代行してもらうと助かります。それだけではありません。自分が講師として稼働している間に、エージェントの担当者は先方と打ち合わせをしてくれ、当日に向けた準備もしてくれます。研修が決まるまでに、**営業マンが5回以上、クライアント企業に足を運ぶ**ことも珍しくありません。

このように、法人市場に講師が関与していくには、研修エージェントはなくてはならない存在なのです。

以上が業界の基礎知識です。講師がデビューする世界が徐々に見えてきましたね。

3 自分にあったテーマ・スタイルを見つける

講師デビューへの道が少しずつ見えてくると、次に問題になるのが、「自分は何を教える講師になるのか」ということです。まずは、どんなテーマがあるのか、概要を見てみましょう。大きく分けると次ページの図2のようになります。

マインド系

経済評論家、芸能関係者、スポーツ関係者、僧侶など特色を持った方々が登壇する短時間の講演が中心で、意識とやる気を高めるような分野です。一定のニーズがありますが、本書を読んでいる皆様には縁遠い世界だと思います。有名であったり、特殊な経験や経歴を持っていないとお声がかからないジャンルだからです。

■図2　研修・セミナー テーマの概要

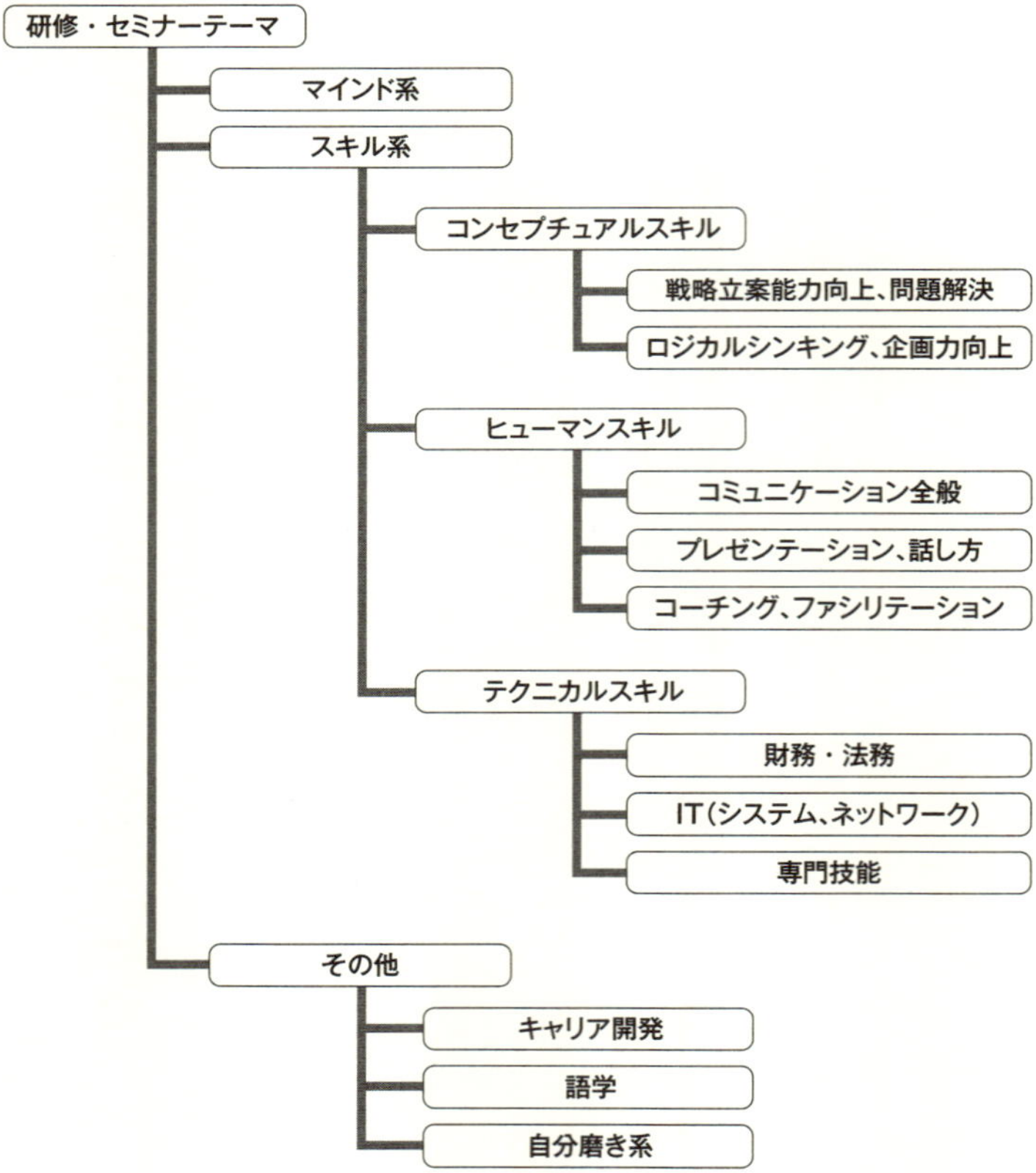

研修・セミナーテーマ
マインド系
スキル系
コンセプチュアルスキル
戦略立案能力向上、問題解決
ロジカルシンキング、企画力向上
ヒューマンスキル
コミュニケーション全般
プレゼンテーション、話し方
コーチング、ファシリテーション
テクニカルスキル
財務・法務
IT（システム、ネットワーク）
専門技能
その他
キャリア開発
語学
自分磨き系

スキル系

各種の能力を上げるためのもので、大きく3つに分けられます。

①コンセプチュアルスキル系

考える力を高める研修です。戦略立案能力向上、問題解決などの実務に近いテーマ、ロジカルシンキング、企画力などの汎用的なビジネススキルに分けられます。

②ヒューマンスキル系

対人関係能力の領域です。自己理解、他者理解などのコミュニケーション全般に関するもの、プレゼンテーションや話し方といった口頭表現の分野、コーチング、ファシリテーションなどの実務系のものがあります。

③テクニカルスキル系

専門知識・技能の領域です。財務、法務など管理系のもの、システムやネットワークなどＩＴ系の分野、機械操作や保守メンテナンスなどの技能分野に大別できます。また、新入社員にことばづかいや電話対応を教えるのもこの領域です。

このスキル系が、本書でいう**ビジネス系講師のボリュームゾーン**です。「できないことができるようになる」、「腕前が上がる」というように投資効果が計算しやすいため、企業内研修で数多く実施されます。個人向けも同様で、スキル系は集客がしやすく、数多くのセミナーが実施されています。

スキル系は、単一テーマの1日研修として行われるだけでなく、いくつかのテーマを組み合わせて、中堅社員研修、管理職研修といった階層別の研修やセミナーとして行われることもあります。

講師になることを考える上で、**真っ先に検討するジャンル**でしょう。

その他

・キャリア開発系

自分のビジネス人生を設計する（キャリアプランを作る）というテーマです。企業内、個人向けセミナーの両方で行われます。一番のねらいはモチベーションの向上で、マインド系に位置づけてもよいのですが、自分で考えるワークが多く、講演中心のマインド系とは様相が異なりますので別枠にしました。

この分野では、比較的**高年齢の講師が活躍**しています。企業研修の中では年代別研修として位置づけられる場合が多く、50代の研修にはそれ以上の年齢の講師がふさわしい、というような事情があるためです。

また、「子育てをしながら働く女性のためのキャリア開発研修」というようなくくりになると、同様の経験をし、苦労しながら前に進んできた女性の講師が選ばれるなど、人生経験が活かしやすい分野です。

・語学系

最近、英語を公用語にする企業が出てきました。その関係で、語学系のテーマにスポットライトがあたっています。社内の語学勉強会、語学スクールなど再びニーズが高まっている様子です。

ただ、本書で詳しく取り上げるのはやめておきます。語学系で講師になろうとする方は、すでに具体的に考えていらっしゃるでしょうし、デビューまでの道も、語学スクールへの応募などはっきりしているからです。

なお、少し角度を変えた活かし方として、スキル研修との組み合わせという手がありま す。例えば、「英語プレゼンテーションの実技」という研修にして商品化するという方法です。そうすれば、企業にも売りやすくなります。

・自分磨き系

圧倒的に個人向けのセミナーが多いテーマです。マナーや立ち姿をトレーニングするセミナー、カラー診断から外見のアップにつなげるようなもの、婚活とも関連させながら行われる講習会など活況を呈しているようです。

自分磨き系セミナーは企業内での実施は少ないです。「それを学んで仕事にどう役立つのか」という疑問が残り、投資効果が計算しにくいからです。

デビューに向けては、個人向け市場をターゲットにしたスクール、小規模のセミナーを行う組織にアプローチすることになります。

テーマで大別すると、このようになります。この中から、自分が比較的強い分野を伸ばしていくと自然に専門分野ができていくでしょう。

何を専門分野にするか、まだ見えてこない方は、**社内で一、二を争える自分の知識や能力分野**を考えてみるとよいと思います。すでに定年退職された方、今は家庭に入っている方は思い出してください。複数の人がアドバイスを求めてくるような分野があったら、それを専門領域に育てていくとよいでしょう。

試しに、「新入社員を前に30分、何でもいいから話せと言われたらどんな内容の話をするか？」考えてみてください。

そこで挙がるテーマを育てていけば専門領域になります。

さらに、これまでのテーマにない独自の分野を確立する方向もあります。「それを学ぶことで企業と職場、そこで働く人、あるいは仕事の質や効率が具体的にこうよくなる」、「それを学ばないことでこういうリスクが生じる」ということが証明できれば、企業内研修のテーマになります。

職場で活かせるイメージでなくても、「学ぶことで個人の生活がこうよくなる」ということが言えるなら、個人セミナーのテーマにできます。

ただし独自テーマについては、自分で活用イメージを考えるしかない、という辛さはあります。また、最初は賛同してくれる人も少ないはずです。

例えば、私は15年前にパワーポイントの操作とプレゼンテーションスキルを組み合わせた研修を思いつき、いくつかの企業やエージェントに売り込みました。

営業や社内説明の場面で、そういうスキルが必要になると思ったからです。ところが、企業からは「うちの会社にはそんなモダンなプレゼンをする人はいない」と言われ、研修エージェントからは「ニーズがない。売る先がイメージできない」と言われました。

それでも私は諦めきれません。パワーポイントの操作だけを教えればよい研修の中で、少しだけ「話し方」のようなプレゼンスキル要素を混ぜ、重要性をわかってもらえるようにしたり、あの手この手でアピールしました。

幸い、その後パワーポイントを使ったプレゼン研修のブームが来て、うまく仕事を広げることができました。ブームの初期はライバルも少なかったので受注しやすかったです。

独自テーマでいく場合、最初は大変だと思います。それでもやってみる価値はあります。思い込みからはじまり、徐々に賛同してくれる人が増え、自分のビジネスの柱になっていく――これが独自テーマの醍醐味です。

スタイルによる分類

テーマ以外の切り口として、対象者や運営方法による分類を見てみましょう（図3）。

企業の社内研修は大きく分けると、新入社員研修、管理者研修などの階層別研修、プレゼンテーション研修やファシリテーション研修などの目的別研修の2つがあります。

階層別研修は人事部門が主催し、「主任になったら受ける」、「課長になったら受講する」

■図3　スタイルによる分類

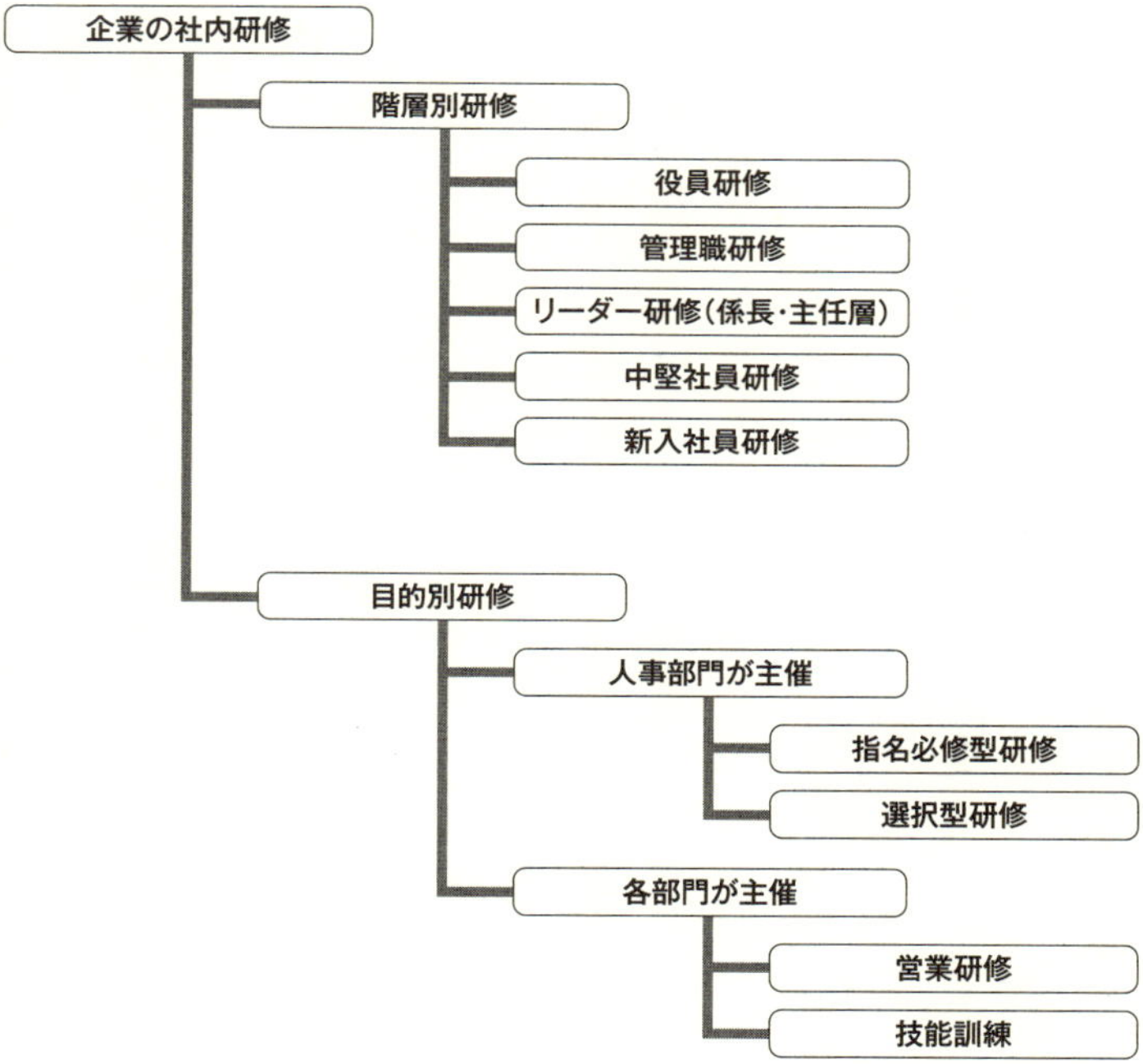

という仕組みのもので、指名された社員は参加しなければなりません。一方の目的別研修は、人事部門が主催するもの、各部門が主催するものの両方があります。また、人事が主催する目的別研修の中には、必修のものだけでなく、希望者が手を上げて参加する選択型研修もあります。

各部門が主催する目的別研修で代表的なものは、営業部門が実施する営業スキル向上研修、技術部門が実施する各種の技能訓練です。

講師デビューするにあたり、**総合力で勝負するなら階層別研修**がターゲットになるでしょう。階層別研修では、その階層に必要なマインド、スキルの両方を指導することになりますので、様々なテーマに対し、バランスよく対応できる「幅」が求められます。

一方、**特定の分野に強いタイプは目的別研修**がターゲットになります。こちらはそのテーマに対する「深さ」が求められます。

専門技能で勝負するなら、各部門が主催する研修をねらうのも手です。部門が主催する研修はテーマを絞り込んで行うことが多く、一芸名人的な講師が活躍しやすいのです。例えば私の知っている講師は、中小企業の社長と親しくなるのが得意で、そのワンテーマで営業部門主催の研修で活躍しています。

ここまで企業内の研修をスタイル別に見てきましたが、公開セミナーもほぼ同じ構造になっています。階層別色の強いセミナー、目的別色の強いセミナーがあり、それぞれ「幅」、「深さ」が求められます。

このようなスタイルも考慮し、自分の方向を考えていくとよいでしょう。

講師でいくか、コンサルタントでいくか

一般には講師もコンサルタントも同じようなものとされていますが、私は両者は異なるものだと思っています。

私の考える講師とコンサルタントは、次のようなものです。

講師――半日〜3日間の研修、セミナーを担当し、ひとつの仕事として完結させる者
コンサルタント――企業の課題に対し、数カ月〜2年間で解決の支援をする者

講師は1回の研修やセミナーが勝負です。たとえ同じ研修を、対象者を変えて複数回実施するとしても、1回ずつ決着をつける仕事なのです。

コンサルタントは、ヒアリング、改善案の作成、アドバイスを長期間に渡って行う仕事です。クライアント企業の中で集合研修をすることもありますが、それは全体の流れに沿って行うもので、単発の勝負ではありません。

講師に向く人、コンサルタントに向く人も分かれます。

講師に向くのは、短期決戦が得意な人です。持ちネタを効率よく提供し、予定した内容を時間内にやり切ることが得意ならば講師向きです。

一方、コンサルタントに向くのは長期戦型です。長い期間の中で企業の状況にあわせ、課題を掘り起こし、解決策を提示し、実施の支援をしていくことが得意ならばコンサルタントが向いています。また、コンサルタントは、経営の仕組みに対する提言も行うことから、経営層とうまく関係を作ることが求められます。

講師に向く人をコンサルティングにあてると、最初は勢いがよいのですが、早々とネタ切れになってコンサルティングが続かなくなります。

逆に、コンサルタント向きの人を講師にあてると、スロースターターが多いせいか、研修の序盤が盛り上がりません。終盤の質疑応答のコーナーになってやっと調子が出てくるなど、１日研修では強みを発揮できないことが多いのです。

講師でも名刺の肩書きは「コンサルタント」であったり、コンサルタントでも「講師」

として登壇したりするのでややこしいのですが、得手不得手ははっきりしています。

あなたはどちらが向いていそうですか？

ちなみに、私は自分を「講師」だと思っています。コンサルティングをやったこともありますが、途中でネタ切れな感じになり苦心しました。短期決戦で勝負する方が向いているのだと思います。

講師とコンサルタント、どちらが上かという話ではありません。向き不向きがあるということです。

コンサルティング業については、これまでも多くの書籍が出ていますので、以降、本書で取り上げることはしません。本書は、あくまで講師業にフォーカスしていきます。

以上、テーマとスタイルの話をしてきました。あなたにマッチした方向が見つかればそれに越したことはありませんが、独自テーマを立てる方法もあります。マッチした方向が見つからないからデビューできないということはありませんので、そこは柔軟に考えてください。

4 講師に必要なスキルを磨く

次に、どんなジャンルの講師でいくにせよ、必要になる共通スキルを挙げます。すでに持っていたら磨きをかけ、足りないものはデビューに向けて準備することになります。必要なものは、次の6つです（図4）。

①コースを組み立てる企画力

デビューの頃は、研修エージェントが提示するカリキュラムをそのまま実施することもありますが、いずれ自分でコースの組み立てをすることになります。そこで求められるのが企画力です。

コース企画の核は、研修の企画書に添付するタイムスケジュールです。タイムスケジュールは、**研修を採用する側が魅力を感じること**、**受講者にとって自然な流れになっていること**の2つの条件を満たすものでなければなりません。

■図4　講師に必要なスキル

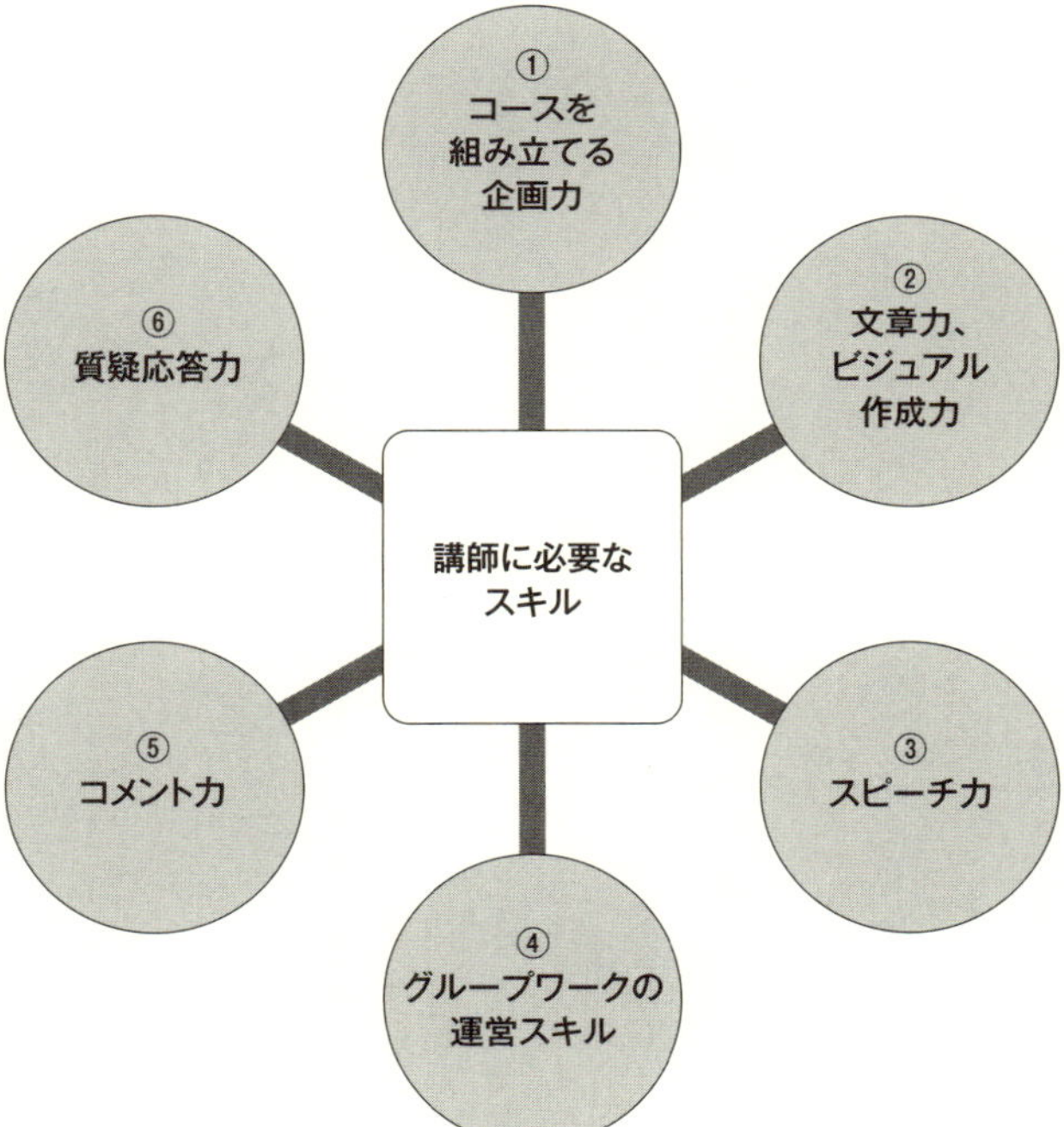

魅力については、企業や受講者の課題を解決するものになっていることに加え、主催者が「聞いてみたい」と思うようなひねりを効かせる必要もあります。例えば、「部下指導の方法」というセッションを「部下指導に必要な3つの小道具」と記すなどの表現力も求められます。

一方、魅力があっても流れに無理があれば、よい研修にはなりません。全体像を提示しないまま各論に入るような進行になっていると受講者の理解は進みませんし、方法論を提示しないまま実習を繰り返すだけでは効果が上がりません。

研修コースの組み立ては建物の設計図を書くことに似ています。見た目がよく、実際に作る場合の構造計算もしっかりできていなければならないのです。

この力をアップするための最もよい方法は、様々なコースを受講することです。ネット上には数限りなく研修コースが提示されていますが、それらを見ているだけでは力はつきません。特に〝自然な流れ〟については、実際にコースを受講してみなければわかりません。研修に参加し「うまく乗せられたな」と感じたら、それは組み立てがよいのです。その研修が、どういう組み立てになっているかを研究するだけでもコース企画力は向上します。

また、魅力ある企画を作る力は、社内外に向けた提案資料を作る中で磨くこともできます。コース企画も営業企画も業務改善の提案も、使うアタマの部分は同じなのです。

なお、すでに定年退職なさった方、今はご家庭にいらっしゃる方は、自己PRを兼ねた経歴書を作ってみるとよいでしょう。こちらも使うアタマの部分は同じです。

②研修資料を作成するための文章力、ビジュアル作成力

現役の講師でも、これに悩んでいる人はいます。通常、ひとつの研修・セミナーで**15〜30ページ程度の研修資料**を作る必要があります。その研修資料に誤植が多かったり、文章がおかしければ、研修全体の信頼性に影響が出てしまいます。また近年、主催者、受講者ともに、単なるレジュメではなく資料性のある〝お土産〟としての研修資料を求める傾向があります。

さらに、文字ばかりの資料ではわかりにくいので、適度に図解などのビジュアル表現も求められます。

研修資料を作る文章力、ビジュアル作成力はますます重要になってきています。

研修資料は、社内外で行われるプレゼンテーションの資料に似ています。資料作成力を高める最もよい方法は、社内外に向けたプレゼンを買って出て、工夫しながら資料を作り、聴衆に「わかりやすい」と言わせる経験を積むことです。図解入りの自己PRを作るのも

よいでしょう。
なお、研修資料の具体的な作成方法については次の章でご案内します。

③スピーチ力

講師に話す力が必要なのは言うまでもありません。中でも重要なのは**アイコンタクト**と**間（ま）**です。ひとりひとりの目を見て、語りかけるように話すことが大切です。また、少し考えてもらったり、腹に落とす時間を作るために沈黙も活用します。

この力を高めるためには、「基本的なスキルを身につけた上で場数を踏む」必要があります。基本的なスピーチスキルは、各種のセミナーで習得するとよいでしょう。まずは、「どのように話すか」という完成イメージを作ります。

そして、朝礼、会議、各種の説明がすべてトレーニングの場だと考えて、学んだことを実践すれば、スピーチ力を高めることができます。

さらに、スピーチ力のひとつとして、難しいことをわかりやすくかみ砕く力も必要です。たとえ話を使ったり、やさしい会話に置き換えたりすることで受講者の理解が進みます。

このように重要なスピーチ力ですが、話の得意な講師の中には「話し過ぎ」で評価を落としている人もいます。この本の中心になる講師業は、半日から2日程度の研修会を担当します。いくら面白い話、いい話でも、聞くだけでは飽きてきます。話と実習を組み合わせて進行することで集中力を維持させる方が得策です。

スピーチ力だけではうまくいかないのが講師業の難しいところです。

講師が使うスピーチのテクニック

スピーチは皆様の関心が高い分野ですので、具体例も挙げましょう。講師はなんとか興味を持って聞いてもらえるように、様々なテクニックを駆使します。よく使われるのは次のようなものです。

Ⓐひとり芝居

例えば、部下指導の講義の中で、悪い上司と良い上司の説明をするとします。この際、講師が上司役、部下役の両方をひとりで演じる芝居にすると、受講者は興味を持って聞いてくれます。それは次のような感じでやります。

〈悪い上司と部下の会話〉

上司「どうしてこんな簡単なことができないんだ」

部下「どうしてって言われても……」

上司「こないだもミスしたじゃないか。何度も同じ事を言わせるな！」

部下「こないだっていつですか」

上司「そういうことを言っているから君はダメなんだ」

〈良い上司と部下の会話〉

上司「ここ、ミスしているけど、どうしたんだ？」

部下「すいません。忙しかったのでついチェックが」

上司「わかった。次やるときはどうする？」

部下「見直してから提出します」

上司「よし。しっかりやってくれ」

コツは、セリフごとに顔の向きを変えることです。上司役をやるときには右下を向き、部下役のときには左上を向くなど。やってみると案外簡単にできます。

Ⓑロールプレイング

右に挙げたような芝居を受講者相手にやるものです。受講者に長いセリフを正確に言ってもらうのは困難ですので、好きに話してもらえる状況を設定して行います。例えば、講師が良い聞き方、悪い聞き方のデモンストレーションをする場合は、次のようになります。

〈悪い聞き方〉
講　師「趣味は何ですか？」
受講者「サッカー観戦です」（講師は目をそらして聞く）
講　師「はあ、そうですか。私はサッカーはよくわかりません」（薄いリアクション）

〈良い聞き方〉
講　師「趣味は何ですか？」
受講者「サッカー観戦です」（講師は目を見て聞く）
講　師「どこのチームが好きなのですか？」（身を乗り出して質問する）

このようなケースならば、受講者は自由に答えることができます。聞いている人は、仕事仲間や自分と同じ立場の受講者が前に出て、どんな会話になるのか興味津々で、よく聞いてくれます。研修の良さはライブ感です。**多少の不安定要素**があった方が「どうなるんだろう」と注意を引くことができるのです。

Ⓒ択一問題

択一問題は、短時間で実施でき、かつ全員が参加できる進め方です。例えば、「プレゼンをするとき、スクリーンの右に立つのがよいか、左に立つのがよいか？」という択一問題を出します。そして、どちらかに手を上げてもらい、正解を伝え理由を話します。そうすれば、受講者はただ聞くよりも説明に興味を持ってくれます。

Ⓓ答え合わせ

知識付与を目的とした研修の場合、どうしても講義が長くなります。ある程度やむを得ないことではありますが、続けていると受講者の集中力は落ちてきます。

これを防ぐために、穴埋め問題にして、ヒントを出して考えてもらい、答え合わせの形式で解説していく方法があります。こうすると、少し長くなっても「次の問題の答えはなんだろう」と集中し続けてくれます。

なお、答えが「統率力」だった場合、「○○力」とホワイトボードに書いて、○に入る言葉を考えてもらう方法もあります。それでもわからなかったら、「統○力」まで書いて○に入る言葉を考えてもらいます。なるべく「わかりません」と答えることがないように、なんとか答えさせます。その方が**後の参画度が高くなる**からです。また、人は答えがかすかに見えてくると完成させたいという意欲がわくものです。この方式もいろいろな場面で使えます。

Ⓔ**インタビュー**

多くの受講者は、講師が自分の近くに来れば緊張するものです。ときどき、**個々の受講者に近寄り**、話しかけながら進めていくと集中力を持続させることができます。

例えば、「期末を迎え、みんなで手分けして残業している中で、仕事が終わっていない部下が『帰っていいですよね』と言ってきたら何と返すか」という問いかけを全員にします。

その後、「では答えを聞いてみましょう。私が部下です。いきますよ」と予告し、受講者のひとりに「帰っていいですよね」と問いかけます。そうすると、「もし、用事がないのならもう少しやっていったらどうだ」とやさしく答える人、「帰っていいよ」と突き放す人、「周りを見てみろ。みんな大変なんだ」と叱る人、いろいろな人から様々な返事がもらえます。そして、答えてもらった後で、セオリーに沿った対応はどのようなものかを解説します。

一度の質問で5名以上あてると答えが重複してきますので、3～4名でよいでしょう。知識と関係なく考えれば答えられる問題の方が向いています。

以上、講師が研修中に使うテクニックをご紹介しました。飽きさせないためのちょっとした工夫は数限りなくあります。そして、講師たちは今日も試行錯誤を続けています。

④グループワークの運営スキル

研修は、主に講義、個人ワーク、グループワークの3つで構成されます。このうち、グループワークは諸刃の剣で、うまく運営できれば受講者の満足度が上がり、うまくいかないと不満の原因になります。

例えば、「職場の問題点」というテーマで30分、グループで話し合いをしてもらうとします。放っておくと、上司や職場に対する不満が噴出して収拾がつかなくなります。また、発言する人が限られ、うまく参加できない人が出てきます。これでは受講者の満足度が下がりますし、主催者の表情も曇るでしょう。

グループワークを上手に運営するには、**適切なテーマ設定、グランドルールなど方法論の提示、適度な介入**が必要です。

この力を向上させるには、会議やミーティングの司会をするのがよいでしょう。会議の組み立てをし、発言を促し、適度に介入して当初予定の着地点に結論を持って行くような経験を積むことがグループワーク運営スキルの向上に役立ちます。

余談ですが、講師の中には受講者にグループワークをさせている間にメールチェックなど個人的な仕事をしている人もいます。多くの場合、主催者に見抜かれており、「二度とあの講師には依頼しない」という話もよく聞きます。これから講師になる皆さんは決して真似をしないように。

⑤コメント力

グループワークの締めとして、よく発表という形式がとられます。話し合っただけでは受講者も主催者も落としどころが見えず、納得できません。グループごとに発表し、クラス全体で共有し、発表内容を教材に学ぶ必要があります。

そして、講師の腕の見せ所が、発表に対するコメントです。単に「よい発表でしたね」と誉めるだけでは何のために外部講師に研修を依頼しているのかわかりません。一方、ネガティブなコメントばかりでは、受講者がうんざりします。発表の**よかった部分、悪かった部分を具体的に指摘し、悪かった部分についてはどうすればよいのかまで提示**してはじめてコメントが成立します。

この力は会議やミーティングでの発言や、部下・後輩指導などの場を通じて鍛えることができます。

⑥質疑応答力

質問にどう答えるかは、講師の評価に影響します。受講者の質問の真意をつかみ、コンパクトに納得のいく答えを出すことができれば、講師の信頼性は上がります。

この力を高めるためには、社内の説明会などの場を数多く経験するのが一番です。他部門からの容赦ない質問攻めに対応してきた人は質疑応答に強いものです。

研修の中で行う質疑応答の具体的な方法は次の章でご説明します。

以上が、講師に必要なスキルです。

「そういうお前はどうなんだ」と言われると、正直なところすべてを満たしているという自信はありません。

私の作ったコース企画が仕事につながらないこともあります。過去に作った資料の中には、わかりにくい文章もありますし、講義の中で言い間違えることもあります。グループワークが盛り上がらないこともあり、コメントがさえない日もあります。また、質疑応答については後になって「こう答えればよかった」と後悔することも。

ここで挙げた能力は、講師デビューのために必要なものというより、講師業をやっている限りは一生磨き続けなければいけないものだと思っています。

また、ここでは各スキルの向上策についても記してきました。繰り返しになりますが、**講師に必要な能力は各種の職場イベントを通じて伸ばすことができます**。社外向けのプレゼン、新制度の社内説明会、会議の司会などを買って出て、積極的に機会を作ってはどうでしょう。これらの仕事で認められるようになることが、講師になる準備を進めることにもなります。

5 講師業界に接近する

ここまでの内容で、講師としてデビューするために必要なことは見えてきたと思います。ここからは、デビューに向けた具体策を記します。

専門にするテーマが決まり、スキルがある程度備わったとしても、講師の話が自然にやってくるわけではありません。こちらから講師業界に接近する必要があります。その方法を考えてみます。

やはり、カギになるのは研修エージェントとの接触。それが講師デビューに向けた近道です。

人事系の仕事をしている方は、会社に研修エージェントが出入りしていると思いますので、接触は簡単でしょう。しかし、それ以外の方々はどう接触すればよいか、見当がつかないと思います。

最もストレートな方法は、ネット上で講師を募集しているエージェントを探して「応募したい」とアクセスすることです。未経験者の場合、門前払いになることもあるでしょう。

ただ、実務経験によっては会ってくれることもあると思います。

ねらいはすぐに講師になることではなく、**講師業界を肌で知る**ことにあります。自分の経歴・経験のどこが活かせそうか、そのエージェントの中にどんなチャンスがあるのか、などを知ることは、その後の作戦を立てるために大変重要です。ダメでもともという姿勢でチャレンジします。

少し時間のかかる方法として、社内の人事研修部門に異動する、ということもあります。そうすれば研修エージェントや講師という業界関係者に接近できるからです。いまは多くの会社で自己申告制度があります。まず、異動の希望を出してみてはどうでしょう。部署の後輩を数多く指導した実績があれば説得力も生まれます。

また、公開セミナーに参加することも有効です。講師業界の関係者は受講者として公開セミナーに参加することがよくあります。例えば、研修エージェントの営業マン達は、自分のため、箔《はく》をつけるため、などの理由でよく資格取得の勉強会に通います。

私の知っている営業マンの中には「産業カウンセラー」、「キャリアカウンセラー」の資格保持者が数多くいます。そのような資格取得の勉強会に参加し、受講者の中にそういう人を見つけたら、勇気を出して話しかけましょう。

最後に、研修エージェントに近づく方法として、少々アクロバット的な方法をご紹介しましょう。それは、**研修エージェントになってしまう**こと。つまり転職です。研修エージェントは仕事柄、あまり新規学卒を採用しません。その分、中途入社の窓は開いています。選り好みしなければ応募先はあります。

採用の大半は営業です。営業として研修を売る中でノウハウを修得し、様々な講師を見て、やり方を参考にする。講師デビューを考えると、最も確実な方法です。また、営業の実績を積み企画担当になればコースを組み立てる力も向上します。

ただし、厳しい経済環境の中で研修を売っていくのは簡単なことではありません。販売目標というプレッシャーを背負うことにもなります。後戻りできない、覚悟が必要な方法ではあります。

以上、講師業界への接近策として、研修エージェントと関係を作る方法を挙げてきました。

このほか、人づてに業界関係者を紹介してもらうのも、この章のはじめに紹介した講師に弟子入りすることも、業界への接近策として有効です。

結局のところ、講師業界への接近は人脈作りに尽きます。極論すれば、**講師は能力と人脈で成り立つビジネス**。どのようなジャンルの講師でもそれは言えます。能力と人脈が備わったとき、それはあなたが講師デビューする準備が整ったときです。

6 最も重要な下積み期間の過ごし方

講師になろうと思ったら、その瞬間から下積み期間だと思った方がよいでしょう。下積み期間が短く突然デビューした講師は後で行き詰まることが多いもの。ネタが少ないため、主催者や研修エージェントからの様々なリクエストに、ワンパターンでしか対応できず、先細りになるのです。

下積み期間の第一歩は、今の仕事での苦労です。講師のネタ話の中で最も受講者の共感を得やすいのは、**講師自身が体験した苦労話**。それをいま、仕込んでおこうということです。

例えば、私は年上の部下に囲まれて苦労した経験があります。そういう話は皆さんよく聞いてくれます。時には成功体験の話もしますが、そればかりだと自慢話になってしまい、受講者に嫌がられます。また、体験談は講師になってからのものではなく、実務をやっていたときのことのほうが喜ばれます。受講者にとって、今の自分と照らし合わせることができる話の方が共感しやすいのです。

この本を読んでいるあなたが、いま仕事で大変な思いをしているとしたら、それは将来講師になったときの格好のネタになります。苦労や失敗が多い方は、ネタの貯金をしていると言えるでしょう。

定年退職された方、定年が近い方は、そもそもネタの宝庫です。自分の職歴をふり返り、整理しておいてください。今ご家庭にいる方は、職業経験をふり返るとともに、現在の生活で感じることも整理しておくとよいでしょう。親子ネタは、案外オールマイティです。

下積み期間の二歩目は、テーマと方法論の収集です。最もよいのは、受講者として様々なセミナーに参加すること。応募型の社内の研修会には必ず手を上げて参加してください。そして、**資料は捨てずに保管**しておいてください。

そして三歩目は実践です。日々の業務や地域活動における説明、発表を講師の修業だと位置づけ、簡潔でわかりやすい資料を作り、リハーサルを行い、実施し、相手の感想を聞き出し、素直に受け入れてください。

もし、あなたがいま「講師になろう」と思っているならば、目の前の仕事のひとつひとつに力を入れることが講師としての下積みになるのです。

より具体的に実践したいならば、講師にコネを作り助手をやらせてもらう、社内の教育部門に異動し研修会の事務局を担当する、エージェントの講師募集に応募して模擬講義を行う、などの機会を自ら作ってください。

7 デビュー前の講師が悩む実績の作り方

実力はある、経歴も魅力的、ニーズのあるテーマに詳しいと三拍子揃い、業界関係者と人脈ができてもなかなかデビューできない講師がいました。講師としての実績がなかったからです。

デビュー編の最後は、実績の作り方です。

どこの企業も、デビューの講師を積極的に指名するほどお人好しではありません。これが、ひとつでも実績があれば、状況は違ってきます。実績ゼロとイチには大きな差があるのです。

そうは言っても、誰もがデビューのときは実績ゼロなはず。どうやってこの壁を乗り越えるかを3つに分けて紹介します。

1つめはサブ講師の実績です。研修の一部を担当しただけでも実績は実績です。師匠についで下積みをする講師にはこの手があります。

2つめは、ボランティア的に登壇することです。企業研修ではなく、市民講座のような場で専門分野の講演をすることも実績になります。特に社会人向けの講座は実績として説明しやすいものです。

3つめは社内講師としての実績です。これは最も作りやすいでしょうが、アピール度は今ひとつです。やはりプロとして登壇し、お客様の立場でもある受講者をいかに満足させたかという経験が重視されます。

ただ、企業に属している方が、グループ会社や取引先向けの研修で講師を務める場合は話が違ってきます。社外の人々に向けた経験はアピールポイントになります。そして、講師をやる度に経歴書に書ける社名が増えていくというお得な状況です。そのような機会を作れるならば、ぜひ自分から買って出てください。

実績作りは簡単ではありませんが、悩みは一過性のもの。**ひとつ実績を作れば解決**できます。

以上、この章ではデビューまでの道のりを整理してきました。

あなたの講師デビュー・ストーリーが少しずつ見えてきましたね。

3

講師は実際にどんな仕事をしているのか

この章では講師の実務をご紹介します。前の章で挙げたスキルを、「実際の案件の中でどう発揮するのか」具体的なイメージを作っていただくのが主旨です。あわせて、デビュー後も役に立つようにという観点で、細かいところまでご説明します。

1 ヒアリング

研修企画のスタートラインは、主催企業に対するヒアリングです。ここでは、話をわかりやすくするために、講師が直接受託する想定で記します。

電話やメールで「係長・主任クラスの研修を考えたい」というようなお話をいただいたら、たいていの場合、「一度打ち合わせを」という流れになります。

そこで行われる会話は次のようなものです。仮想ではありますが、結構リアルです。先方は中堅部品メーカーの人事課長、山田様ということにします。

山田「忙しいところわざわざすみません」

講師「いえいえ」

山田「今回、係長・主任クラスの研修を考えていまして。まだ実施が決まったわけではないのですが」
講師「承知しました」
山田「ここ数年、係長・主任層の研修をやっておらず未受講者が増えました。また、社長から、係長・主任層の自覚が足りないという指摘もありまして、研修を企画することになりました」
講師「自覚が足りないというと、例えばどういうことですか」
山田「一般社員から意識が変わっていないんですよ」
講師「主任・係長としての役割がわかっていないのですね」
山田「そうです。上司がちゃんと言わないのもいけないのですが」
講師「そのほかはどうですか」
山田「プレゼンの力が足りないですね」
講師「プレゼン力というと例えばどういうことですか」
山田「先日、係長層による業務改善例の発表会があったのですが、それを聞いていた社長が『話が長いし、何を言いたいのかさっぱりわからない』と立腹しまして、教育はどうなっているのかと私も怒られました」

講師「なるほど。簡潔に話すことができないのですね」
山田「そういうことです」
講師「後輩指導面はどうですか」
山田「それも問題です。指導の仕方がよくわかっていないようなのです」
講師「ほかはどうでしょう」
講師「だいたいそんなところです。研修は2日間を予定しているのですが、2日目の午後はコンプライアンスに関する自社研修を実施したいので、1日半ぐらいで組んでもらえますか」
講師「承知しました。今週中に企画書を作成し、来週早々にはご提示します」
山田「メールで構わないので送ってください」
講師「はい、お送りします」

こんな感じです。ヒアリング時に聞くべきことは、先方が言ったことの背景です。例えば、「プレゼンの力が足りない」という**言葉の裏にあることを探ります**。このケースでは、「会議の話がわかりにくくて社長が怒った」というのが背景にある事実です。そのことが聞けていないと、ピントのずれた提案をしてしまうことになります。

また、そのケースで当然入って来るであろう点が話に出てこなければ、確認する必要もあります。右の例では「後輩指導」がそれにあたります。入るべき点がヒアリングで確認できていないと、企画書でも抜けてしまったり、頼まれていないことをギャンブルで盛り込むことになってしまいます。

この確認作業には、同じ層に研修を行った経験が役に立ちます。デビューまもない講師は経験が少ないので、自分が過去に受講した研修のプログラムや、その層に対する典型的な企画書を見ておくことで代替します。

ヒアリングは、その先の企画作成に向けた重要なステップです。事前に質問項目を整理しておくなど、しっかりと準備して臨みます。

ここまでは、講師が直接ヒアリングに行く想定で話をしてきましたが、ヒアリングは研修エージェントの営業マンが行うこともあります。腕のよい営業マンは、背景探索や抜けモレ事項の確認をきちんとしてくれます。

ところが、中にはヒアリングが不十分な営業マンもいます。エージェントの営業マンのヒアリングが抜けモレばかりだったら、改めてクライアント企業にメールや電話で問い合わせをしてもらうことになります。ただ、質問があまりに多いとクライアントの担当者は嫌がりますので、本当に必要なことに絞り込みます。

ヒアリングは、講師と研修エージェントの営業マンが一緒に行って実施することもあります。その場合は、事前に聞きたいことを営業マンとすりあわせておいた方が安全です。すでに営業マンが聞いていることを改めて聞くと、クライアント企業が「講師と営業マンの間のコミュニケーションがうまくいっていないのではないか」と不安を感じます。受注活動に悪影響を及ぼしますので要注意です。

2 研修企画書の作り方

研修エージェントを通じて仕事を得る場合、講師が企画書を丸ごと書くことは少なく、表紙や見積もり部分は研修エージェントが作ります。最も多いのはタイムスケジュールのみ講師が作り、あとは研修エージェントが作るパターンです。

ただ、講師が直接企業から研修を受託する場合は、すべて自分で作らなければなりません。また、タイムスケジュールというパーツを作る上でも全体像を知っておいた方がよいのです。そこで、講師が直接受託する想定で企画書の作り方を説明します。

まずは、図5を見てください。これは仮想の企画書ですが、これに近いものを過去に企

■図５　研修企画書の例

[redacted]工業株式会社　御中

平成23年度　係長・主任研修

企 画 書

2011年4月10日

株式会社ヒューマンテック

1 ねらいと効果

ねらい

- 係長・主任の役割を自覚する
- 会議・報告時に要点を簡潔に話すプレゼンテーション力を向上させる
- 後輩指導の意識とスキルを高める

効 果

- 一般社員とは異なる、係長・主任の役割が自覚できます。また、与えられる役割だけでなく、買って出る役割があることが理解でき、積極性的な姿勢が生まれ、リーダーシップが強化されます。
- 簡潔に話すための構成、はっきりと聞こえる発声がトレーニングを通じて身につきます。組み立てに関しては、結論から話すことができるようになります。
- 自分が後輩を育てていくという主体性が生まれ、実践演習を通じて正しい指導法が身につきます。

対象者

- 平成23年度4月　係長・主任昇格者

2 タイムスケジュール

	第1日目	第2日目
9:00 12:00	■オリエンテーション 1. 係長・主任の役割 ①役割を考える ②周囲からの期待に応える ③自ら役割を買って出る ④リーダーシップとコミュニケーション ⑤ケーススタディ ⑥役割の整理 グループ討議／解説	3. 後輩指導 ①後輩指導の考え方 ・必要性の理解 ・指導上の重要ポイント ②後輩の指導法 ・3つの指導法 ③指導の実践演習 ・技能を身につけさせる ・意識を高める 実習／解説 4. 研修のまとめ 発表／総評
13:00 17:00	2. プレゼンテーション力の向上 ①プレゼンテーションの全体像 ・プレゼンテーションの目的と技術要素 ・プレゼンテーションの3つのポイント ②話し方トレーニング ・発声練習 ・スピーチ演習 ③プレゼンテーションの構成 ・構成の3原則 ・ケーススタディ ④プレゼンテーションの実践 ・業務関連テーマの設定と準備 ・2分間プレゼンテーション ・講評 ⑤今後に向けたプレゼンの課題整理 実習／解説	（貴社コンプライアンス研修）

3 講師プロフィール

濱田《はまだ》　秀彦《ひでひこ》

1983年早稲田大学教育学部を卒業後、大手住宅メーカーグループ会社にて営業職に従事。支店長を経て営業系コンサルティング会社に転身。営業部門にてトップセールスを記録し、経営企画課長、システムソリューション課長を歴任し独立。現在、ヒューマンテックの代表として、管理者研修、プレゼンテーションを中心とするビジネスコミュニケーションの指導、キャリア開発研修等に活躍中。

自らの管理者経験を活かした指導は、わかりやすく実践的と評価されている。

著書

課長のキホン（河出書房新社）、ビジネス快話力（主婦と生活社）、奇跡を起こすマジックボックス（青春出版社）、人生を変えた５つのメール（祥伝社）
ほか、全１０冊

業に提出し、研修を受注しています。

企画書作成に使用するソフトは、パワーポイント、ワード半々ぐらいです。研修企画書は年々ビジュアル的にも洗練されてきていますが、私の経験ではビジュアル的な美しさと受注確率に相関はありません。

それでは、研修の企画書を項目別に見ていきましょう。

表紙

注意するのは研修の名称です。内容が係長・主任研修であっても、先方の社内名称が「副主事研修」であるならばそちらをメインに記します。階層別研修の場合、クライアント企業は複数の研修エージェントから複数階層の企画書を受け取ることが多く、社内名称にしておいた方がわかりやすいからです。

ねらい

ここが企画書の最重要ポイントです。ここをはずしてしまうと中身がいくらよくても受注できません。さらに、教育部門の先にある**経営層の了解が得られるような記述**が必要です。場合によっては、「はじめに」や「企画の主旨」として別枠で文章にして一人歩きできるようにしておきます。

「ねらい」は、事前のヒアリングで聞き出したことをもとに記すのですが、ここでポイントになるのが、表向きのねらいと背後のねらいの両方を記すことです。表向きのねらいはクライアントの言葉をそのまま使い、**ホンネを含んだ背後のねらいはビジネス用語に置き換えて表現**します。表向きのねらいは、クライアントの中で合意されている場合が多いので、そのまま使った方が通りがよく、背後のねらいはそのまま記すとベタになり過ぎるからです。

例えば、先ほどの人事担当と講師の会話の中で、「係長・主任の自覚が足りない」という表向きのねらいは「係長・主任の役割を自覚する」とほぼそのままの表現にします。一方、「なにが言いたいかわからない」という背景部分は、表現をビジネス用語にアレンジして「会議、報告時に要点を簡潔に話すプレゼンテーション力を向上させる」とした方がよいでしょう。これに、「後輩指導の意識とスキルを高める」というねらいを加えれば完成です。

さらに、このページには「研修を受けた受講者がどうなるのか」という**期待効果を記す**

とよいでしょう。

最終的に、研修企画は社内で決裁されます。クライアントの研修担当だけでなく、最終決裁者の社長さんも「ねらいが実現できそうだ」と感じるよう表現することが大切です。

対象者

確認のために記します。企画書は、二度三度とアレンジすることがあります。対象者が広がったり、変わったりする場合があり、講師もクライアントもどれが誰向けの企画書なのかわからなくなってしまいます。対象者が変われば内容も変わります。そういう意味で記すものです。

タイムスケジュール

1日の流れがわかれば十分です。一時間単位で何をどう進めるかまで細かく記す必要はありません。

この際、注意しなければならないのは、**スケジュールはそのまま社内の通知に添付され**

る場合があるということです。例えば、プレゼンテーションの3つのポイントというところに、（簡潔に、わかりやすく、印象深く）とカッコ書きで書き添えるとします。こう書いたスケジュールが受講者に配られたら、答えがわかってしまいます。そうなると、研修の中で「プレゼンテーションで大切なことはなんでしょう?」と問いかけて答えてもらうという進行はできなくなります。

書き足りず、書き過ぎずという調整をし、書き足りない部分は事務局向けに別途説明の文章を添えるといったアレンジが必要になります。

「項目をどの順に並べるか」といったことを含め、タイムスケジュールの作り方については、次の「タイムスケジュールの組み立て方」の項で詳述します。

その他

初めて担当する場合は、講師プロフィールをつけます。見積金額については、企画書に記す場合と、別途印鑑を押した見積書を提出する場合があります。通常、見積書は**①講師料単価×日数＝講師料**、**②資料代単価×人数＝資料代**の構成で、合算して総額を算出します。

以上が企画書の作成方法です。企画書のもとになるヒアリングとの関係もご理解いただけたと思います。ヒアリングから企画書作成までが、研修受注のための山場。忙しくてもしっかりやりたい実務です。

なお、完成した企画書は、講師が直接請け負う場合、メール送信が多くなります。クライアント企業も講師を何度も呼ぶのは心苦しいのでしょう。研修エージェントが入っている場合は、営業マンが持参して説明するのがスタンダードです。その際の説明は、営業マンに託すことになります。複雑な企画の場合は、事前に営業マンに解説しておいた方が安全です。

3 タイムスケジュールの組み立て方

前項の企画書のところで出てきた「研修タイムスケジュール作り」は、デビューしてまもない講師が苦戦する実務です。スムーズに実施できるように作りたくても、経験が少ないためイメージができません。だからといって、ヒアリングで聞いた内容を適当に並べるだけでは無理のあるタイムスケジュールになり、後で困ります。
ここでは、タイムスケジュールの組み立て方を説明します。
まず、タイムスケジュールがどのように使われるか、順を追って整理してみます。

①企画段階で大まかな実施イメージを持ちながらタイムスケジュールを作る
②決定後、企画書のタイムスケジュールに沿って詳細なレッスンプランを作る
③レッスンプランをもとに研修資料や掲示するスライド、各種ツールを準備する
④レッスンプランに沿って研修を実施する

ここで言うレッスンプランとは、どのセッションでどんなツールを使い、グループワークなどのイベントをどう組み込むかという実施計画です。大勢の講師が標準化されたプログラムを行う場合は、研修エージェントから分単位で計画を指定される場合もありますが、多くの場合、講師がタイムスケジュールに赤ペンで書き加えて作ります。

タイムスケジュールが、ほぼそのままレッスンプランになると考えてよいでしょう。だからこそ、実施までイメージして作る必要があるのです。

でも、その実施イメージが浮かばない場合はどうすればよいのでしょう。その場合は、

■図6　タイムスケジュール作成の原則

原則1	ねらいを展開する
原則2	あり方からやり方へ
原則3	全体像から各論へ
原則4	基本から応用へ
原則5	「こと」から「ひと」へ

図6に示した原則を活用します。

原則1の「ねらいを展開する」から考えてみます。例えば、先の係長・主任研修で考えると、まずは「係長・主任の役割の自覚」、「プレゼンテーションスキル」、「後輩指導」という3つのねらいがありました。これが、レッスンプランの大きなユニットになります。そして、ユニットの中身を入れていく作業が「展開する」ことにあたります。

次にユニットの並び順を考えます。並び順は、原則2～5までを組み合わせて設定します。先の例では、原則2を活用し「あり方」としての「役割自覚」を先頭にします。

残る「プレゼン」と「後輩指導」の順は、原則5を活用します。最後に「人」をもってくる意味で「後輩指導」が後になります。最終的に対人関係に落とし込み、どうすればよいかを明示して終わるのがよい流れです。

「プレゼンテーション」を先にやっておいて、「後輩にわかりやすく教える際にも、先ほど学んだプレゼンテーションスキルが役に立つ。試しにやってみましょう」という流れにすると、原則4の「基本から応用へ」にもマッチし、身につきやすくなります。

各項目の中では原則3の「全体像から各論へ」を意識します。例えば、プレゼンテーションでは、「スピーチ力、構成力、資料作成力の3つが大切」という全体像を示してから、スピーチトレーニングなどの個々のテーマに入るとわかりやすくなります。また、その中でも自己紹介などのショートスピーチで基本を練習してから、社内外に向けたプレゼンなどの実践・応用編へと進めるとよいでしょう。

こうして大まかな実施イメージを作り、タイムスケジュールを組めばスムーズな実施につなげられます。

このほかに、私がいつも意識していることを2つ挙げます。

- 午後イチは講義をしない
- 終了時イメージを作って逆算する

午後イチに講義をしない意味はわかりますね。この時間帯は食事後で眠くなりやすいので、なるべく**手や体を動かす実習**を入れます。

終了時イメージについては、例を挙げて説明しましょう。研修の最後に「この研修で学んだこと」というスピーチをしてもらうとします。そこで、「受講者に言ってほしいこと」をあらかじめ想定します。そして、そう言ってもらえるように逆算して内容を組み立てるのです。もし、「プレゼンはできると思っていたが、やってみると難しく、まだまだ努力が必要だと思った」ということを言ってほしいならば、プレゼンをやってもらい、評価するようなコーナーを準備する必要があるということです。

こうして効果的で円滑に運営できるタイムスケジュールが完成すれば、**6割程度はうまくいく見通し**が立ちます。

4 実施打ち合わせのポイント

実施打ち合わせは、「詰め」にあたる重要なステップです。最初に全体像を確認しましょう。ヒアリングから実施までの流れを整理すると次ページの図7のようになります。

講師が直接受託する場合は、①のヒアリングのみクライアント企業に出向き、②、④の

■図7　研修実施までの流れ

①ヒアリング
↓
②企画書提出
↓
③実施決定
↓
④実施打ち合わせ
↓
⑤研修当日

■図8　実施打ち合わせの確認事項

- ☑ 実施タイムスケジュール
- ☑ 参加者の人数および立場
- ☑ 資料の準備と扱い
- ☑ 会場レイアウトとグループ分け
- ☑ 使用備品類
- ☑ 当日の会場と講師の入り時間

ステップはメールと電話で行うことが多くなります。研修エージェントが入っている場合は、②、④のステップをエージェントの営業マンがクライアント企業に出向いて行うことが多いです。

④の実施打ち合わせについては、「講師がメールと電話で行う」、「研修エージェントの担当者が代行する」という2つのケースがありますが、どちらの場合も確認する内容は同じです。

では、実施打ち合わせで確認することを整理しておきましょう（図8）。

実施タイムスケジュールは複数のバージョンを提出している場合、間違いがあるといけませんので、どれを使うのか確認します。

参加者の人数を確認するのは、2つの理由があります。ひとつは、**人数によって実施可能なワークが変わってくる**ためです。例えばゲームトレーニングの中には、参加者の上限が設定されているものがあります。上限を超える受講者数がいると、そのゲームは使えなくなります。

人数確認をするもうひとつの理由は時間管理です。参加人数により、進行にかかる時間が変わってきます。ひとりずつ発表するセッションでは、人数によってかかる時間が増減し、グループワークでも、グループ数によって発表とコメントの時間が増減します。**大勢いるからといって時間オーバーするわけにはいきません**ので、個人やグループの持ち時間を制限するなど、調整が必要になります。これらが人数確認の意義です。

資料については、いつ、誰が準備するかという確認が必要です。バリエーションとしては、①講師が人数分準備する、②講師がエージェントに原本を送り、エージェントがコピーする、③講師が直接クライアント企業に原本を送り、クライアント企業がコピーする、

④講師がエージェント経由でクライアント企業に原本を送り、クライアント企業がコピーする、といったものがあります。受注形態や予算の関係で、どれもありえますので事前に確認が必要です。

会場レイアウトは、教室形式、コの字、ロの字、グループ形式の中から、会場の大きさやレッスンプランに応じて選択します。研修の中で、教室形式からグループ形式へと変えることもありますが、それは受講者の皆様に手伝っていただければよい話。重要なのはスタート時のレイアウトです。なお、1グループの人数ですが、通常、4～6名で編成します。私の経験では、**討議をするなら5名が最良**です。4名だと意見が少なく、6名だと発言できない人が出てしまう可能性が高いためです。ただ、すべてのグループを5名にできることは少ないので、レッスンプランをにらみながら、グループの人数を決めていきます。

なお、グループ分けについては、「クライアント企業に依頼する場合」、「講師が振り分ける場合」の両方があります。私は、自分で振り分けることを申し出ています。事前に先方にお願いしても、当日、複数の欠席者が出たりすると人数のバランスが崩れるからです。ただ、クライアント企業が「あの人とこの人を同じグループに入れて交流させたい」というような意図を持っていることがありますので、その場合はお任せしています。

使用備品類は、ホワイトボード、プロジェクター、模造紙、マジックなどの要・不要について確認します。スライド投影用のパソコンが必要ならば、お願いしてもよいでしょう。ちなみに、私はスライドが映らないといったトラブルが怖いので、パソコンは持参しています。

会場の場所を確認するのは当然のこととして、講師の入り時間も確認しておきます。通常は**30分前がスタンダード**です。

以上が事前打ち合わせにおける確認事項です。クライアント企業の担当者は何かと心配するものです。不安がなくなるまで、ひとつずつ丁寧に確認します。

5 テキスト、サブ資料の作り方

講師の実務の中で、資料作りには結構な工数がかかります。当日の運営にも関係する大切な作業です。

通常、資料は**一週間前までにクライアント企業に納品**します。資料を研修エージェントが準備する場合は、印刷やコピーの手配、作業時間も考慮して、10〜14日前ぐらいにエージェントに原本を納品するのがスタンダードです。

作成する資料は、本編テキストとサブ資料に分けることが多いです。まずは、本編テキストから作り方を説明します。

講師がテキストをゼロから作っていくことは少ないものです。ある程度、持ちネタがあり、それが企画書に反映されることが多いからです。また、講師側は手持ちの資料を使いたいもの。品質が確保されており、作成も効率化できるという理由からです。

しかし、ここに落とし穴があります。研修の多くは、先方のニーズを解決するためにオリジナルで作られます。過去に実施した研修の資料をそのまま流用するのは無理がありますす。流用するにしても調整が必要なのです。

売れっ子になった講師が凋落していく典型的なパターンは、「売れっ子になる」→「資料準備に時間が割けず流用が多くなる」→「先方のニーズとズレが発生する」というものです。また、打ち合わせ時点でなんとか流用しやすい方向に持って行こうと、内容の押しつけをする講師も出てきます。

ではどうすればよいか、ということですが、話は単純です。まず、**企画書のタイムスケジュール通りに章立て**をします。表現もその通りに。なぜそうするかというと、クライアントの事務局、研修エージェントの担当者が安心するからです。

講師がやりやすさを優先して、企画書に記された順番や表現を勝手に変えてしまうと、まず研修エージェントの担当者が心配します。クライアント企業の担当者に「打ち合わせと違うじゃないか」と言われたくないのです。

クライアント企業の担当者も、企画書のタイムスケジュールで社内決裁を取っています。その通りやってもらわなくては、社内に示しがつきません。

また、公開セミナーの場合、参加を検討する方々は、パンフレットに掲載されたスケジュールを見て申し込みを決めます。セミナーでパンフレットに掲載された項目がスルーされてしまうと、不満が募ります。セミナー主催者はそういう事態を懸念します。

このようなことを避けるためにも、テキストには素直に企画書のスケジュールを反映した方がよいのです。

企画書通りに章立てをしたら、次に、アタマから中身を入れていきます。研修で実施する順番に作業すれば当日のシミュレーションにもなります。持ちネタにないものは、新たに書き下ろします。流用できるものも、単にコピペしたのでは前後のつながりが悪くなり、切り貼り感が残りますので、順番の入れ替えや表現の統一を行います。

テキストに書き込み過ぎると、受講者はざっと読んでわかった感じになり、話をよく聞いてくれなくなりますので、ところどころあえて記入せずにおき、考えてもらうようにするとよいでしょう。

ちなみに、最近はテキストをパワーポイントで作成する講師も増えてきました。掲示資料を先に作り、それを2スライド1ページぐらいの配分でプリントし、テキストとして使うスタイルです。私は受講者にスライドを見せ続けるのがあまり好きではなく、テキストはワードで、掲示資料は、図解の説明や短い答えを提示するときのみパワーポイントを使っています。このあたりは講師の好みで決めてよいと思います。

そうやってテキストが完成したら、次はサブ資料です。サブ資料は「テキストの問題部分の解答にあたるもの」、「診断ツール」、「ワークシート類」に大別できます。

解答にあたる資料は、口頭で示す、スライド掲示、ホワイトボードに記入するという方法で代替できます。ただ、それが多くなると受講者に「書く」という負担を強いることになり、進行に時間がかかるという弊害も出ます。レッスンプランもにらみながら、解答資料を配るか否か、総合的に判断します。

診断ツール、ワークシート類は早くに渡してしまうと受講者が気にして、いまやっている内容に集中してくれなくなります。タイミングを見計らって配布する方がよいので、テキストに盛り込まず、別に用意しておきます。

テキスト、サブ資料はこのように準備していきます。参考までにテキストのサンプル（一部）を図9（119〜123ページ）に示しました。

ここで、これから講師を目指す方に、資料作りにおける重要な注意点を挙げます。それは著作権です。

講師デビュー時は手持ちの資料が少ないので、つい過去に受講した研修や読んだ書籍からパクリたくなります。でも、それはコンプライアンス違反です。研修エージェントもコンプライアンスには大変気を配っており、著作権上の問題がないよう、**講師が責任を持って**資料を作るよう事前に契約を求めることが多くなっています。

では、どうすればよいかというと、2つ方法があります。ひとつは苦しくてもオリジナル資料を作ること。もうひとつは著作権者の了解を得て利用することです。

オリジナル資料を作るには、自分の経験が役立ちます。例えば、部下指導のケースを作るとします。登場人物は自分の身のまわりにいた人々で、実際にあったことをもとにすればよいのです。もちろん、実名で出すわけにはいきませんので、架空の会社と職場に置き換えて。

既存の資料を参考にして、独自に作り上げる方法もあります。以前に、後輩の講師が私のオリジナル資料を参考にしてよいかと打診してきました。対象になったのは上司に提言をするケーススタディです。OKしたところ、後日彼が作った資料を送ってくれました。確かに流れは私のケースに似ていました。しかし、設定やセリフはすべて変えてあります。

何も知らずに見たら、オリジナルは私の作ったもの、ということがわからなかったでしょう。そこまで換骨奪胎すればアリだと思います。

著作権者に了解を取るのは、書籍ならば案外簡単です。私も過去に経験がありますが、メールで著者に了解を求めると、「いいですよ。ただ、書籍名と私の名前は入れてくださいね」というように快諾してくれることが多いです。

問題は、費用（ロイヤリティ）が発生するケースです。例えば、新聞記事を使ってケーススタディーを作るとします。この際、勝手にテキストに貼り込むと著作権違反になりますので、新聞社に使用料を支払う必要が生じます。

市販されているゲームトレーニングを使う場合も同様です。例えば、よく利用されるゲームトレーニング集で「クリエイティブOD」というものがあります。この研修ゲーム集の日本における著作権は「株式会社プレスタイム」が持っています。こちらと契約し、使用料を支払えば研修の中で利用することができます。

ちなみに、私も同社と契約を結び、使用料を支払って利用しています。こういったことは、講師倫理につながることですので注意したいと常々思っています。

以上、研修資料作成の方法をご紹介してきました。最初は本当に大変だと思いますが、苦労して作った資料は講師の財産になります。

■図９　研修資料サンプル

平成23年度
係長・主任　研修

株式会社ヒューマンテック

講師　濱田秀彦

係長・主任研修の概要

ねらい

①係長・主任の役割を自覚する
②会議・報告時に要点を簡潔に話すプレゼンテーション力を向上させる
③後輩指導の意識とスキルを高める

学習内容

1日目
1. 係長・主任の役割 2. プレゼンテーションスキルの向上

2日目
3. 後輩指導 4. 研修のまとめ

1

1 係長・主任の役割

1.1 係長・主任の役割を考える

係長・主任の役割は、与えられるだけでなく、職場に応じて自ら考え、作り、果たしていくものである。これは、すべての企業、すべての職種に共通する。

1.2 周囲からの期待に応える

職場リーダーは組織、上司、部下、後輩などの周囲から何らかの期待をされている。しかし、その期待を正確に把握することは難しく、本人が意識しているものとの間にギャップが生じるのはやむを得ない。ギャップが生じることを前提に、コミュニケーションによりズレを埋めるのが妥当な考え方である。

ここで、自分が周囲から期待されていることについて、考えてみる

【会社が自分に期待していること】
・
・
・

【上司が自分に期待していること】
・
・
・

【後輩が自分い期待していること】
・
・
・

2

3 後輩指導

3.1 後輩指導の考え方

必要性の理解

①組織からの要請
②後輩の成長実現
③自身の指導力向上

指導上の重要ポイント

指導・育成の原点は　　　　　　　　　　という考え方である。

OJTは次の3つの方針のもとに進める

・　　　　的	
・　　　　的	に進める
・　　　　的	

3．3 意識を高めさせるための質問の技術

意識を高めるには「よい質問」をすることが大切

質問の種類

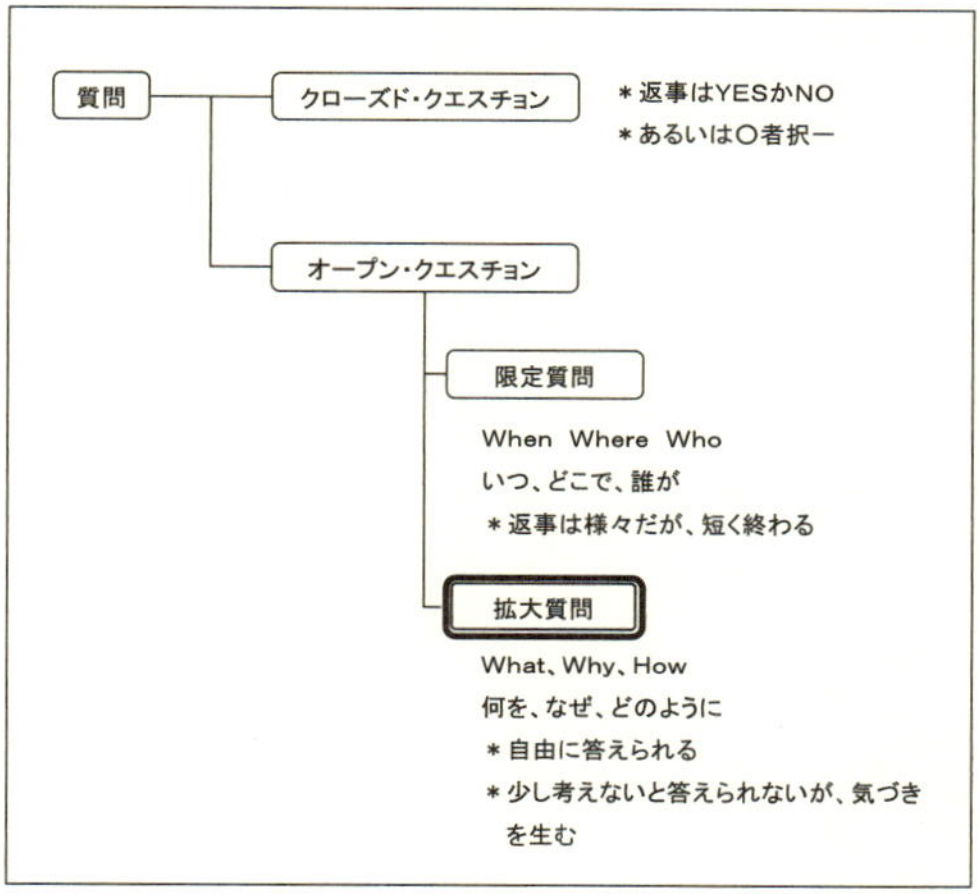

クローズド・クエスチョンばかりでは、ホンネを引き出せない。オープン・クエスチョン、中でも「拡大質問」を使うことで、相手に気づかせることができる。

6 オープニング原稿の準備

いよいよ研修が間近になってきたら、オープニングトークの原稿を作ります。オープニングは慣れた講師でも緊張するもの。受講者は「どんな人が講師なのか」と、お手並み拝見モードです。そこでコケると後に響きますので、そうならないよう事前に準備しておきます。

私の場合、前日に原稿を作ってリハーサルをします。原稿は、ワードでA4サイズ2ページ弱、時間にして5分程度の量にします。内容は研修テーマにからめた自己紹介、研修のスタンスなどです。

受講者は、「これから受ける研修にふさわしい講師なのか」、「テーマに関連する経験が豊富なのか」を聞きたいもの。それに対し、きちんと応える必要があります。経験やノウハウを持っていることをアピールできるよう、それでいて自慢話にならないよう配慮しながら作成します。

例えば、部下指導の研修講師をするならば、過去にどういう仕事でどんな部下を指導してきたか、その中でどんな苦労をして、何をヒントにどう乗り越えてきたかを話します。そして、「ヒントにしたのが、これから研修の中で紹介するセオリーなのだ」と伝えれば、受講者に納得してもらえるでしょう。

また、研修に臨むスタンスを「わかるだけでなく、実習を通じてできるように進める」というように伝えておけば、受講者のマインドセットができます。

こうして作った原稿は**3回リハーサル**するようにしています。1回目は話しにくい部分をチェックします。チェックした箇所を修正し、2回目のリハを行います。2回目が終わったら微調整。こうして内容がフィックスできたら、仕上げにもう1回リハーサル。こうすれば、自信を持って本番を迎えることができます。なお、**本番は原稿を読んでしまうと見た目が悪い**ので、原稿は伏せて置いています。

私は1000回以上、研修をやってきましたが、いまだにこういうことをしています。たぶん、やらなくても大丈夫だと思うのですが、ルーティーンを崩してうまくいかなくなるのが怖いのです。

オープニング以降に話す重要事項は、赤字で自分のテキストに書き込んでおきます。そのときに言い忘れ、後からつけたすと流れを悪くすることが多いためです。いまでも、結構書き込んでいます。

これで、ほぼ準備OKです。

7 スタートからエンディングまでの注意点

当日会場に入ったら、資料の確認やプロジェクターの準備などを済ませ、スタート待ちをします。

スタート待ちをしていると、受講者が続々とやってきます。表情を見ていると、眠そうな人、機嫌悪そうな人、目つきの悪い人、ふてくされているように見える人ばかり。素直そうな人は少なく、今回はヤバイ研修になりそうだと不安になります。

研修のスタート時には、クライアントの事務局が、研修のねらい、会場に関する諸注意を説明することが多いです。そして、講師の紹介をしてくれます。

講師紹介で何を言っていただけるかは、事前にはわかりません。聞きながら自分が話すオープニングトークを内容が重複しすぎないよう再編成します。

いよいよ出番。挨拶をしてオープニングトークに入ります。

スタート時から受講者がノリノリということは少なく、たいてい反応は薄めです。ここで気をつけなければいけないのは、**うなずいてくれる人だけに語りかけない**ことです。受講者の中にはうなずいてくれる人、下を向いている人、ムスッとしている人など様々な人がいます。うなずいてくれる人に向けて話せば自分はノって話せるかもしれません。でも、それでは会場全体を味方にすることはできません。下を向いている人、ムスッとしている人にも均等に語りかけ、こちらを向いてもらう必要があります。

実際のところ、最初にやる気がなさそうに見えた人が本当にそうであることは少なく、多くは講師の気のせいです。コワそうに見えた人が研修を盛り上げてくれることもよくあります。根拠もなく第一印象で警戒するのはいけないことです（と分かっていても不安になるのが講師というものですが）。

受講者も「何をやらされるのか」と警戒しています。鬼のような講師に罵倒されるのではないかと不安に思っている人もいますので、早めに会場の雰囲気を暖める必要があります。そのためには、何か作業をしてもらうことが有効です。問題を出して隣の人と答え合わせをしてもらうだけでも、かなり雰囲気は変わります。

こうして、少し暖めたら、その後はレッスンプランをもとに進めます。講義と実習を織り交ぜながら、飽きさせないように進めます。気持ちを込めて受講者に語りかけながらも、一方では冷静に時計と相談しながら進行します。

よくない講師の典型的な進め方として、**はじめはゆっくり、終盤は駆け足、最後は時間オーバー**というパターンがあります。気持ちはわかります。講師にとって一番不安なのは時間が余ってしまうことです。予定していた材料をすべて消化してしまい、残った時間にやることがなくなってしまうことほど恐ろしいことはありません。それが嫌なので、押して進行したくなるのです。

でも、それは受講者にとって歓迎できない進行です。最後の方が駆け足で、ワークの時間が短くなり、興味を持っていた後半の内容が「あとは読んでおいてください」というひとことで済まされれば満足度も下がります。

さらに、終了予定時間をオーバーすれば、いくらよい話をしても落ち着いて聞いてもらえなくなります。その後に予定のある受講者はイライラするでしょう。

これを防ぐ最もよい方法は、**あらかじめ捨てネタを用意しておく**ことです。時間が余ったら実施する内容を別資料で準備しておきます。言わば保険のようなものです。また、時間があれば前に出てひとりずつ発表、時間がなくなればグループ内で発表というように、シナリオA・Bと複数の進め方を考えておくことも有効です。

こうして、エンディングに向かいます。すべての内容を終えたら、最後は講師からラストメッセージを発信します。誰もが感動するとっておきの話を準備できればそれに越したことはありませんが、なかなかそうはいかないもの。
通常は、学んだことを職場で実践するよう励ますというエンディングトークが多くなります。このあたりのトークは、セミナーに受講者として参加したときにネタを仕入れておくとよいでしょう。

8 質問対応

質疑応答は講師の力量が試される場面です。質疑応答のスタンダードな進行は次ページの図10のようになります。

このように進行するのは、**質問者以外の受講者に対するサービス**のためです。特に前の席の受講者から質問が出たときに、後ろの受講者に質問が聞こえていないことがあります。質問がわからなければ答えに興味を持つことはできず、単なる待ち時間になってしまいます。③のところで質問を全体に伝え、④で全員に向けて説明するのがポイント。一番いけないのは、質問者と講師だけの会話になってしまうことです。

■図10　質疑応答の進行手順

①質問者に顔と体を向け質問をよく聞く
↓
②不明な点は確認する
↓
③会場全員に質問を伝える
↓
④全員に向け短く答える
↓
⑤質問者に疑問が解けたか確認する
↓
（次の質問を受ける）

質問が出ない場合は、先に進んでよいでしょう。指名して質問させるなど、無理をする必要はありません。聞きたいことがあっても、「他の人はわかっているのかも」と遠慮していることもありますし、本当にないのかもしれません。10秒程度待って、質問がなければ進む方式でよいと思います。

なお、質問タイムは1時間に1回程度設けたいものです。その時に聞いた方がよい〝旬《しゅん》の質問〟もありますので。

9 アンケートへの対応

研修後に、クライアントやセミナーの主催者、場合によっては研修エージェントが研修に対するアンケートを受講者に配布することがよくあります。

この時、講師が気をつけなければいけないのは、アンケートを書いている受講者の近くをうろつかないということです。アンケートは受講者が忌憚《きたん》なく意見を書くべきもの。講師がうろうろしていたら妙なプレッシャーをかけてしまいます。

通常は、アンケートを書いた受講者から会場を去ります。そして、このあと、講師にとって恐怖の時間がやってきます。記入されたアンケートを読むのです。

特に、クライアントの事務局から「ご覧になりますか」と言われたら、読む必要があります。**読まないということは、お客様の声を聞きたくない**ということになるからです。

アンケートは、次ページの図11のような項目で構成されています。

アンケート評価で最初にチェックすべきは平均点です。計算しなくてもざっと見ればわかります。4が多く、残りが3と5で、3より5の方が多ければ4・2ぐらいと判断できます。

一般に、平均4・3以上なら高い、4・0以上で合格。3点台はイエローカードという評価になります。

相当高く感じられるかもしれませんが、そうでもありません。受講者にも人情があり、講師が一生懸命やったのが伝われば仏心も生まれます。4点台は出にくい数字ではないの

■図11　アンケートの例

研修アンケート

①研修内容はわかりやすいものでしたか。

5　4　3　2　1

わかりやすい　　わかりにくい

②研修内容は職場で活かせそうですか。

5　4　3　2　1

活かせる　　活かせない

③講師の進め方は適切でしたか。

5　4　3　2　1

適切　　適切ではない

④役に立つと思った項目は何ですか。

[　　　　　　　　　　　　　　　　]

⑤わかりにくかった項目は何ですか。

[　　　　　　　　　　　　　　　　]

です。

そういう相場ですから、3点台は厳しい状況です。そのままの内容、講師ではリピート受注がいただけません。後日、クライアント企業の事務局と研修エージェントが相談することになります。クライアント企業の事務局が講師を気に入っていて、「内容を変えてもう一度やってみよう」ということもありますが、3点台の場合、講師を変えるか、他のエージェントに切り替えることが多くなります。

私自身は、平均3点台がついた記憶がないのですが、研修エージェントの営業マン時代、受託した研修の1〜2割に3点台がついていた覚えがあります。

3点台が出てしまうのは、主に次のような場合です。

①講師の力がない
②内容が受講者ニーズとマッチしていない
③講師とクライアント、受講者の相性が悪い

①は言い訳のしようがありません。内容が乏しい、自慢話ばかりで共感が得られない、準備不足が露呈するとそうなります。すべては講師の力量なのですが、研修エージェント

側もそんな講師をしょっちゅうセッティングしていたらつぶれてしまいます。実際に①であるケースは少ないものです。

②は、起こりえます。例えば、仕事に自信を持ち始めた中堅社員を集めておいて、新人に行うようなマナーの反復トレーニングを厳しく行えば、「なぜ自分達が」という不満は募るでしょう。それがアンケートに反映されるのです。これは講師のせいとは言えません。ときには、クライアント企業の担当者と研修エージェントがそうなることを承知で企画し、実施することもあり、その場合は継続実施がありえます。

③は難しい問題です。例えば、中小企業の研修に大企業出身の講師をセッティングすると、内容はよくても「自社の実態とマッチしていない」という評価になることがあります。また、「厳しくビシビシやってほしい」とクライアント企業からオーダーされ、そういう講師をセッティングしたら受講者が拒絶反応を起こすことも。

このように、講師のせいとは言い難い事情で平均3点台が出てしまうことはありますが、いずれにしても講師にとってはショックな結果です。これは受け止めるしかありません。

平均点の次に着目すべきは、ネガティブな評価になっている数名のアンケートです。講師も事務局もエージェントも、受講者全員が全項目に満点をつけることを願うわけですが、なかなかそうはいきません。20名の受講者がいれば、1～2名はなんらかの不満を持つものです。

ここでの対応は重要です。素直に受け止め、次に活かすという姿勢が大切です。事務局に向けて変に言い訳めいたことを言ったり、受講者に非があるようなことを言えば、見苦しい姿をさらすことになります。

ネガティブなコメントは耳が痛いものですが、それを受け止めるのも講師の仕事のうち。直視するしかありません。

総じてアンケートは**素直に受け止め、太く短く反省し、その後は切り替えて**次に向かうという姿勢が求められます。

10 研修報告書の作成

クライアント企業や研修エージェントから研修後に所感文書を求められることがあります。その際は、研修報告書を提出します。一般的な研修報告書の記載事項は次の通りです。
①研修名称、参加者の概要、実施スケジュール

②総評
③受講者の印象
④残った課題と解決方法
⑤今後に向けた提案

これらについて、Ａ４サイズで２～３ページ程度の量にまとめます（図12）。②の総評は、研修のねらいの達成度、研修で生み出した成果などを挙げます。③の受講者の印象はプラス面とマイナス面の両方を書いた方がよいでしょう。④と⑤は今後に向けた営業にもなります。受講者のアンケートも踏まえて記すと説得力が出ます。

書いた報告書を講師が持ってフォローに行くことはまずありません。エージェントが入っていない場合は、先方にメールでお送りします。エージェントが入っている場合は、研修エージェントの営業担当が持参してフォローの訪問をします。

研修報告書を提出し、本当の意味で研修が終わります。

■図12　研修報告書

[redacted]工業株式会社御中

平成23年度　係長・主任研修
研修報告書

2011年6月17日

講師：株式会社ヒューマンテック　濱田秀彦

1. 研 修 名:係長・主任研修
2. 実施日時:2011 年 6 月 9 日ー10 日
3. 参 加 者:平成 23 年度昇格の係長・主任　18 名

4. 実施スケジュール

	第一日目	第二日目
9:00 12:00	■オリエンテーション 1. 係長・主任の役割 ①役割を考える ②周囲からの期待に応える ③自ら役割を買って出る ④リーダーシップとコミュニケーション ⑤ケーススタディ ⑥役割の整理 グループ討議／解説	3. 後輩指導 ①後輩指導の考え方 ・必要性の理解 ・指導上の重要ポイント ②後輩の指導法 ・3つの指導法 ③指導の実践演習 ・技能を身につけさせる ・意識を高める 実習／解説 4. 研修のまとめ 発表／総評 12:00 閉講
13:00 17:00	2. プレゼンテーション力の向上 ①プレゼンテーションの全体像 ・プレゼンの目的と技術要素 ・プレゼンテーションの3つのポイント ②話し方トレーニング ・発声練習 ・スピーチ演習 ③プレゼンテーションの構成 ・構成の3原則 ・ケーススタディ ④プレゼンテーションの実践 ・業務関連テーマの設定と準備 ・2分間プレゼンテーション ・講評 ⑤今後に向けたプレゼンの課題整理 実習／解説	（貴社コンプライアンス研修）

1

Ⅰ．総評

予定した内容はすべて実施いたしました。今回の研修は、テーマ、レベルともに受講者のニーズにマッチしたものであったと感じました。最後の発表では、受講者から「係長としての役割がわかった」、「他部門との交渉などの役割を買って出たい」、「今までの話し方のどこが悪いのかよくわかった」、「後輩に対し、今まで自己流で教えていたが、今後はきちんと教えていけると思う」という声が多く、研修のねらいは達成できたものと認識しております。

Ⅱ．受講者の印象

皆様、真剣に受講してくれました。与えられた課題に、粘り強く取り組むなど真面目な方々という印象です。一方、グループワークでは他者の様子を見て、後手にまわる方が多い傾向が見られました。

以下、セッション毎の印象です。

1．係長・主任の役割

本人が自覚していたこととして、パイプ役、調整役という言葉が目立ちました。それも必要ですが「自分から手を上げ、人々を引っ張っていくことも大切だ」ということを強調しました。意識はかなり変わった様子でした。

2．プレゼンテーション力の向上

人前で話すことに慣れていない方が多く、当初は、まとまりのない話を長々としてしまう傾向がありました。他社の係長・主任クラスに比べると、やや劣る印象でした。話の整理の仕方を教え、訓練を繰り返した結果、発表力は大幅に改善しました。

現状では、他社の同クラスをやや上回るレベルになっています。

3．後輩指導

これまでは、教え方を知らず、自分の感覚に頼って指導をしていたようです。教え方の原則を提示し、ロールプレイングを実施した結果、職場で実践できるところまで指導力は向上しました。まだ、ぎこちなさは残っていますが、職場で実践し続けることでこなれてくるものと考えております。

Ⅲ．残った課題と解決方法

今回ご受講の皆様に残った課題として「グループ討議の運営」が挙げられます。全体を通じ、グループワークを上手く進めることができず、苦戦していました。多くの意見を出し合い、まとめるという作業に慣れていない様子です。これは、リーダーとして活動する上で、ネックになる可能性があります。

2

この点については、フォロー研修として、ファシリテーション（会議運営法）、ミーティングマネジメントなどを学ぶ機会を設けるとよいと存じます。

Ⅳ．今後に向けた提案

今回ご受講していただいた皆様から「既に係長・主任になっている者にも受けさせたい」というお声をいただきました。後輩指導や話し方について、共通の悩みをお持ちだそうです。今回ご受講の皆様のフォロー研修とあわせて、未受講の係長・主任向けのコース開催もご検討いただければ幸いです。

事務局の皆様には、事前準備から当日の運営まで様々なサポート、ご配慮をいただき、心より御礼申し上げます。今後とも宜しくお願いします。

以上

3

11 アクシデント対応

講師実務の最後は、番外編とも言えるアクシデント対応です。どんなにきちんと準備していても、アクシデントは起こります。ここでは、研修で起こる様々なアクシデントを紹介し、対応策を考えます。

挙動不審な受講者

ごくまれに、明らかに不審な動きをする受講者がいます。私が以前、公開セミナーの講師をしたときのことです。若手社員向けのセミナーで、異業種の皆さんが最初からグループに分かれて座る配置でした。

オープニングトークを終え、グループ内で自己紹介をしてもらっていた時、妙に目立つ男性がいました。**教室内の時計をずっと見ていて、他の人の話を聞いていていない**のです。グループの他の人は困った様子です。自分の番になったら、下を向いて会社名と名前をボソッと言っておしまい。

この状況は対処が必要です。このままではグループワークができません。

とりあえず、最初の1時間はグループワークをやめて、個人ワークと講義で進めました。そして休憩時、事務局に了解をとった上でその男性を呼びました。まずは原因究明です。

「何度も時計を見ていたようだけど、気になることがあるの?」と話しかけました。

彼はうつむきながら「上司に無理矢理研修に来させられました。それが納得いかなくて」と答えました。それは受け止めた上で、「この後グループワークがいろいろある。いまのままでは、君のグループはワークができない。上司に対して文句があるのはわかったが、グループの他のメンバーには関係ないこと。改めて自己紹介してワークをやるか、それともグループワーク中は私の隣で自習するか決めてほしい」と言ったところ、グループワークに参加したいというので、了承しました。

彼は無事グループに戻り、ワークにも参加しました。ぎこちなさは残りましたが、研修は支障なく運営できました。

このようなケースの場合、**対応の基本は個人アプローチ**です。全体に向けて話してもその人には届きません。まずは本人を呼び、会話の中で原因を突き止め、気持ちは受け入れた上で選択肢を提示する、という対処が妥当です。

それでも解決できないとき、最後は帰ってもらうという手があります。講師がやりにくいだけでなく、他の受講者に迷惑がかかります。事前に事務局と協議した上で、レッドカードを出すということです。

幸い、私は帰ってもらうようなケースに出会ったことはありませんが、私の身近な講師の中には経験者がいます。

異様にモチベーションの低い受講者たち

初めて研修を担当する企業で、受講者全員が暗い表情ということが時々あります。開講時に「おはようございます」と挨拶しても誰も返事をしてこず、受講者は下を向いたり窓の外を向いたりと異様な雰囲気です。

こんな時はあわてず、予定した通りに進めます。ほとんどの場合、少しずつ雰囲気が変わってきます。そして、後半は自然な状況で進めることができるようになります。

途中、休憩時間に受講者と話をすると状況がわかります。よくあるのはこんな話です。

講師「最初はずいぶん皆さん硬かったですね」

受講者「実は、前に受講した人から、高圧的な講師で、理不尽なことを言われたり、やらされたりする研修だと聞いていました。今回もそうだと思って……」

講師が担当していない研修の話が前評判になり、雰囲気が悪かったわけです。そして、しばらく受講しているうちに、「どうやら聞いていたのと違う研修のようだ」と気づいて態度が変わる、というのはよくある話。

全員が明らかにおかしな態度をとるのは、**何かを訴えている**ということです。そして、ほとんどの場合、それは登壇している講師と関係のない話。講師がよい内容の研修を続けていれば、受講者の鎧《よろい》は徐々にはずれていきます。

講師があわてて、場を和ませようと変なジョークを言ってもスベるばかり。「これは何かあるな」と冷静に受け止め、「いずれ変わってくる。原因は休憩時間にリサーチしよう」と落ち着いて対処するのが最もよい方法です。

私語をする人

企業内研修、公開セミナーに一社から複数の人が参加する場合に起こるケースです。少しぐらいならよしとしても、周囲の人が「うるさいな」という表情でそちらを向くようになったら、対処が必要です。

止まない私語に対しては、段階的な措置が有効です。いきなり怒鳴ったりすると他の真面目に聞いている人が驚きますし、その後の研修は硬い感じになってしまいます。早い段階で自然に収めるために、次のような手順で対処します。

第一段階――一瞬講師が話すのを止めます。そうすると、私語をしている人の声が目立ちます。本人達が気づき、黙ったらそれでよしとし、特に何も言いません。念のために、その後もしばしばそちらを見て、**注目していることを知らせます**。うまくいけばこれで収まります。

第二段階――一瞬話を止めます。そして話している人に少し近づき、「何かわからないことがありますか」と聞きます。たいがい「いえ」と首を横に振りますので、「わからないことがあったら何でも聞いてくださいね」とダメ押しします。そして、念のために、その後もしばしばそちらを見ます。ここまでの対処で95%は収まります。

第三段階――めったにありませんが、それでも私語が止まない場合、「そこのお二人。話しにくいので、外に出て話してもらえませんか」と言います。まず出て行かず、「すみません」と謝ります。その後は、研修が終わるまでずっと下を向いているでしょう。そうすることは本意ではないのですが、放置していると他の受講者に迷惑をかけることになります。しかたありません。

なお、これから講師を目指す人が心配してしまうといけませんので、念のために言うと、私語をする人は年々少なくなっています。私語をしやすい若手層が就職難を乗り越えて入っているためか、真面目に聞く人が多く、私語があっても第一段階で止まるケースがほとんどです。第三段階までいくことはめったにありませんのでご安心を。

遅れてくる人

遅れてくるのは業務都合などでやむを得ない場合もあります。ただ、放置すると進行上の問題が生じることがあります。

最もよい対処法は、先々のレッスンプランを確認した上で、最低限知っておいてほしいことを休憩時間に補講することです。この場合、あまり丁寧にやり過ぎると時間通りに来た方が損した気分になります。最低限に絞り、なおかつ「急いでここからここまで読んで

くださ い」というように多少負荷がかかるような指示をするとよいでしょう。素直に従ってくれるものです。

早退する人

研修会場が社内の場合によくあることです。クレームなどの突発事案が発生し、呼び出しがかかり、以降の研修に参加できなくなるようなケースです。

問題になるのは、残りの資料の扱いです。後で配布する問題の答え、ワークシート類を渡すべきか否かという判断が必要になります。

この判断は、クライアント企業の担当者に求めるのが妥当です。企業によっては、再受講させるケースもあり、その際、答えを持っていては都合が悪いのです。

あと1時間で終了というタイミングで抜ける場合は、参加済みとみなして資料を渡してしまうことが多くなりますが、その判断も担当者に求める方が安全です。

なお、公開セミナーの場合、参加費用を先に支払う場合が多いため、原則として資料はすべてお渡しすることになります。

資料が足りない

資料の準備を研修エージェントやクライアント企業が行う場合、コピーのし忘れなどの理由で「資料の一部が用意されていない」ということがあります。この場合の対処は、受託形態によって異なります。

最も注意しなければならないのは、研修エージェントが受託し、資料準備もエージェントが行うケースです。エージェントのミスで資料が不足している場合、口頭やホワイトボードに書いて代替できるならば、カバーして何事もなかったように進めるのがよいでしょう。講師が焦って騒ぐと、研修エージェントのミスが露見してしまいます。

講師が直接受託し、資料をクライアント企業がコピーする場合は、急いでコピーしてもらってもよいと思います。そのような場合に備えるために、**講師はすべての資料の原本を会場に持参する**必要があります。

その他のアクシデント

今となっては笑い話ですが、私は講師として出講した公開セミナーでケガをしたことがあります。

当日、いつものようにセミナールームに行くと、新しいホワイトボードが設置されていました。高さ2メートル以上あって、裏に太いスチールの支柱がある立派なものです。

研修は順調に進み、残すところあと2時間というところまできました。そこで、受講者を相手に私がロールプレイングを行います。受講者を前に呼ぶ際に、ホワイトボードがちょっとジャマな感じがしました。

ホワイトボードは可動式で脚にはローラーがついていました。私はそのまま動くものと思い、後ろにずらそうとボードを押しました。しかし、ローラーはロックされていました。ホワイトボードはいったん後ろに傾き、反動で前に倒れてきました。倒れないように私がホワイトボードの前に回って支えようとすると、この世のものとは思えないような重さです。ホワイトボードを背負うような形で私はつぶれていきました。その時、首から「ピキッ」という音がしたのを覚えています。ありがたいことに、一番前に座っていたお二人の受講者がホワイトボードを元に戻してくださいました。

助けてくださったお二人に「大丈夫ですか?」と聞かれました。とっさに「大丈夫です」と答えましたが、首がまわりません。残り2時間、首の骨が折れたのではないかと心配しながら、ロボットのように体と顔を固定したまま向きを変えつつ研修を終えました。

会場からタクシーで家の近所の整形外科に直行し、レントゲンをとると骨には異常なく、首のねんざと言われホッとしました。

数週間で治ったのですが、ヒヤリとした事件です。新しい備品があったら慎重に扱うようにという教訓が残りました。

以上、様々なアクシデント対応についてご紹介してきました。講師もいろいろと苦労しながらやっているわけです。

私もこれらのケースに初めて遭遇したときにはオロオロしましたが、経験が増えたので、最近では落ち着いて対応できるようになりました。

この章では講師の実務についてご紹介してきました。デビュー後も参考にしていただければ幸いです。

4

こうすれば収入・スキルはアップできる

少し気が早いのですが、この章ではデビュー後のイメージを作った上で、収入を増やし、スキルを高める方法をご案内します。まずは、講師の日常生活から見ていきましょう。

1 講師の一週間

あなたが講師デビューした後の平均的な一週間をシミュレーションしてみます。

月曜日

週明けの研修は少ない傾向だ。今日は予備日なので、明日実施するコミュニケーションの1日研修の準備をする。

まずは、明日のタイムスケジュールを確認する。受講者名簿もいただいているので、参加者のイメージを作っておく。続いて研修に関する注意事項が書かれたエージェントからのメールのプリントアウトを読み返す。念のため、クライアント企業に打ち合わせに行った際のメモも確認する。

さらに、提出済みのテキストと補助資料をチェック。その後は、明日のオープニングトークの原稿を作り、ひとりでリハーサルを行なう。テキストに、各セッションで話すべきことを赤ペンで記入して準備完了。早めに床につく。

火曜日

朝、6時に起きて食事をし、身なりを整えて7時半に家を出る。久しぶりの通勤ラッシュを乗り越え、会場に近い駅に到着。駅では研修エージェントの担当者と待ち合わせし、一緒にクライアント企業の会場に向かう。

8時30分に会場に到着。クライアント企業の担当者に挨拶する。先方の上司を紹介され、名刺交換の後、5分程度の打ち合わせ。今日の受講者に期待することなどをうかがう。

その後、会場に入り、持参したノートパソコンをプロジェクターに接続し、掲示物の準備をする。並行して資料類がきちんとコピーされているか、帳合いのミスがないかなどをチェック。徐々に受講者が集まり、緊張感が高まる。

9時。クライアント企業の担当者が、携帯電話に関する諸注意などを受講者に伝えた後、講師紹介。いよいよ出番だ。

「おはようございます」という挨拶から研修がスタートする。

12時。午前中の内容を無事終え、クライアント企業の担当者と一緒に応接室でお弁当をいただく。受講者の印象を話したり、会社のことを聞いたり、世間話などしながら過ごす。午後の再開までのわずかな時間で携帯電話の留守電を聞き、急ぎのメールに返信する。なお、研修エージェントの担当者は午前中が無事に終わったことを見届け、すでに退出している。

13時。午後の内容がはじまる。長い講義をしているとウトウトする人が出るので、10分程度のインストラクションの後、すぐに実習に入る。

17時。エンディングトークを終え、研修は終了。受講者はアンケートを書いて帰宅していく。アンケートをおそるおそる見ると、概ね好評で胸をなで下ろす。17時30分に先方の企業を出て帰路につく。帰り際に、研修エージェントに無事終了したことを携帯電話で伝えた。

家に帰ると精根尽きて、何もする気が起こらず早々と寝る。

水曜日

今日は予備日。まずは、昨日1日分のメールチェックをする。急ぎの企画依頼には、過去の研修のプログラムをアレンジして送信。次に、昨日の研修報告書を作成する。そうこうしているうちに昼。昼食を兼ねて近所の本屋に出向き、新刊のビジネス書を買い込む。午後は、明日から2日間の主任研修の準備。2日研修になると、資料も、使用するツールも増える。忘れ物がないよう確認して準備完了。夕食までの間は購入したビジネス書を読んで過ごす。

木曜日

今日から通いの2日研修。いつものように研修エージェントと待ち合わせし、クライアント企業に入り、オープニングを迎える。2日研修の場合、初日の終わりに盛り上がる内容を持ってきて、いったんピークを作る。概ね予定通りに進めることができ、1日目を終えた。家に帰り、たまったメールに返信。軽く明日の内容を確認し、早めに寝る。

金曜日

研修2日目。受講者は昨日ほどの堅さはないものの、一晩経ってしまったせいか、ピリッとしない様子。冒頭で軽めのワークを行い、乗せていく。活気が戻り、スケジュールは終盤に向かう。

2日研修では、多くのことを学ぶため、最後に全体を振り返り、職場で実践することを整理してもらう。ちょうどその頃、研修エージェントの担当者がエンディングを見届けるため会場入りした。最後にエンディングのスピーチを終えた後も、しばらくは会場に残る。2日間一緒にいれば、受講者とも顔なじみになる。多くの受講者が挨拶に来てくれる。また、個人的な質問をしに来る人もいる。すべての受講者を送り出し、クライアント企業を出たのは18時近くだった。

研修エージェントの担当者から、「お時間あったら少し行きますか」というお誘いを受け快諾。会場から少し離れた居酒屋で一杯飲みつつ、反省と今後の進め方の打ち合わせをする。家についたのは22時過ぎだった。

土曜日

今日は研修はなし。朝食後、たまったメールに返信。続いて昨日までの研修報告書を作成。さらに、先送りしていた研修企画を作成し、依頼元のセミナー会社にメール送信する。

来週の月曜は、午前中に研修エージェントの担当者とクライアント企業に営業同行する予定。初めての企業なので、ウェブサイトをプリントアウトし精読。研修事例も準備し、夕方早めに仕事を切り上げる。

あとは積んであるビジネス書を読みつつ、体を休める。明日の日曜は完全オフ。ジョギングで体を動かす予定。

いかがでしたか。週に3日講師として稼働するということは、このぐらいの忙しさ。**出講日以外の講師の日常も、案外忙しい**ものなのです。

ちなみに、週に3日だと月間10～12日。年末年始と8月は少し減るので、年間にすると100日強の稼働になります。

講師の平均的な一週間がイメージできたところで、次項からはデビュー後の具体的活動についてご説明します。

2 売上を伸ばすための営業活動

デビュー後の講師の最大の悩みは営業です。先にも述べましたが、講師はあまり営業活動が向かない職業です。研修の話もないのにクライアント企業にうかがって、「何かありませんか」と言うわけにもいきません。だからといって、待っていては仕事は来ません。

一番妥当なのは、研修エージェントに対する営業活動でしょう。講師業ビジネスを安定させるには、複数のエージェントと等距離でつきあうのがよい方法。**一社依存体質は危険**です。

エージェントにも得意分野と不得意分野があります。また、地域的な制約もあります。バランスよく、できれば5社ぐらいと関係を作っておきたいものです。自然と縁遠くなっていくエージェントもありますから、3社をメインに、他の2社は入れ替わっていくような形が望ましいと思います。

「どうやって増やせばよいか」ですが、自然に増える傾向があります。研修エージェント業界は、独立の多い世界。親しいエージェントの関係者が独立すれば、自然と声がかかります。

ここで気をつけなければいけないのは、つきあうエージェント同士の関係です。独立した人がもとの会社の顧客を持って出た場合、敵対関係が生じます。独立した人を支援したくても、この場合はできません。実際に、私も支援を控えたことがあります。

独立がらみの経緯がなくても、**ライバルの2社両方に出入りするのは避けたい**ものです。どちらのエージェントからもよく思われませんし、同じ案件で両方から声がかかったらバツの悪い思いをすることになります。

講師業界は実に狭い世界で、隠し事はしにくいです。このあたりは結構デリケートな要素があります。

このほかに、他の講師と紹介しあって、つきあうエージェントを増やしていく方法があります。「講師業は人脈が大切」ということは、こういう面でも言えるのです。

なお、エージェントとの関係が安定し、仕事量が確保できると、**残る売上拡大策は単価を上げること**になります。この交渉はなかなか難しいものです。エージェントごとに講師料の相場が決まっており、交渉すれば担当者を悩ませる可能性があります。また、それが原因で敬遠されても困ります。安全なのは、**単価の高いエージェントに仕事量をシフト**していくことでしょう。ビジネスですので合理的に判断すればよいと思います。

仕事内容で経営を安定させるには、**リピート受注が最もよい方法**です。毎年、同じ時期に決まって声がかかる案件を多く持っていれば見通しも立ちます。そのために必要なのは、個々の研修を成功させることはもちろんのこと、リピートが来やすいジャンルを持ちネタにしておくことです。

リピートが来やすいジャンルは、階層別研修です。例えば主任・係長向けの研修などは、毎年一定の受講対象者が発生します。こういう仕事をキープしていると経営が安定します。研修エージェントにとっても、リピート受注はありがたいもの。売上数字のベースになるのはもちろんのこと、営業、企画作成、実施打ち合わせなどの工数が大幅に軽減できるからです。

講師にとってもエージェントにとってもメリットがあるリピート受注をねらっていくのが、経営安定への道です。

その上にトレンドテーマの研修を乗せていけば、さらに売上を伸ばしていくことができます。

一方、**トレンドテーマだけに頼るのは危険**です。一時的に稼働が多くなっても、翌年はまたイチから出直しのような形になり、経営が安定しません。

幸い、私は今日までほとんど営業活動をせずに来ることができました。人の縁に恵まれ、ラッキーだったのが一番の要因ですが、「リピート受注がいただきやすい分野に少しずつシフトした」ことも要因になったと思います。

ただ、いつ私も仕事がなくなるかわかりません。もし、仕事がなくなってきたら、世間一般で流行している研修を事例としてカバンに詰め、それまでに仕事をもらったエージェントをまわることになるでしょう。あるいは、これまで出入りしていないエージェントにメールを送り、「こういう講師なのだが一度プログラムを紹介したい」と訪問するでしょう。

それが妥当な営業方法です。

3 研修エージェントとのつきあい方

前項の営業方法に関連して、研修エージェントの活用法を深掘りしてみます。

講師が研修をクライアント企業から受託するには2つの方法があります。ひとつは直接請負、もうひとつが研修エージェント経由の受託です。それぞれを比較してみると、図13のようになります。

■図13　直接請負とエージェント経由の比較

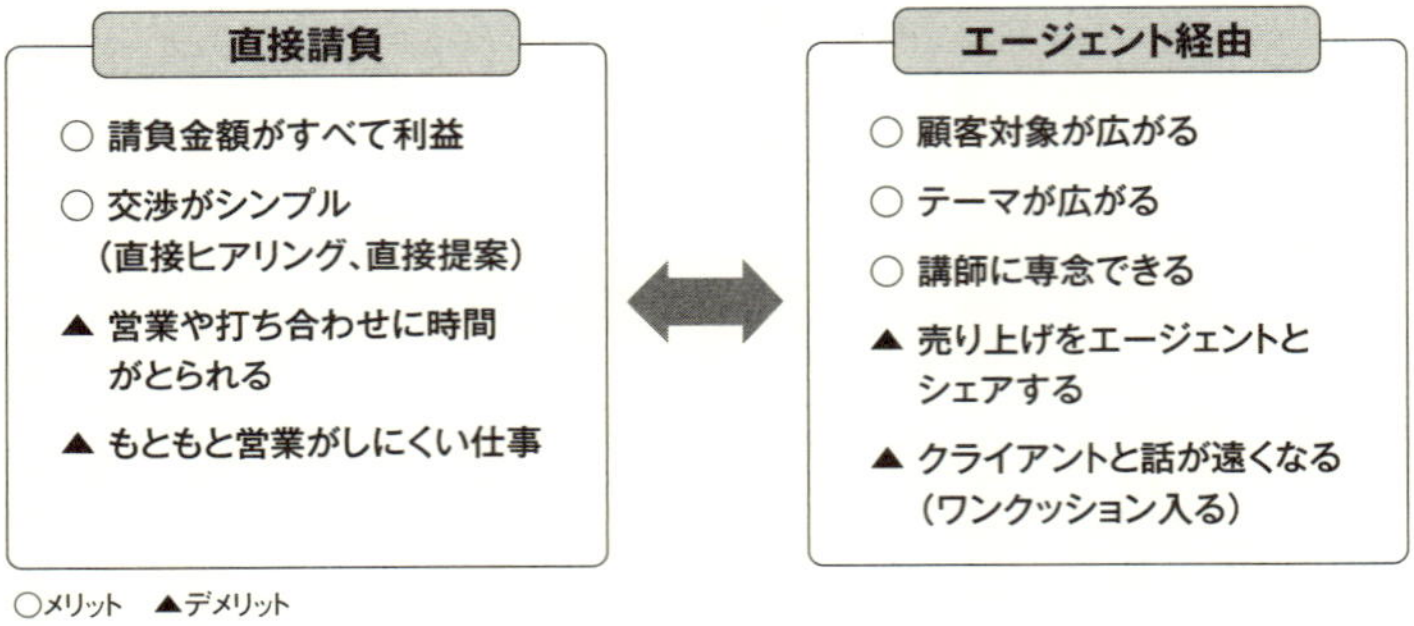
直接請負
○ 請負金額がすべて利益
○ 交渉がシンプル（直接ヒアリング、直接提案）
▲ 営業や打ち合わせに時間がとられる
▲ もともと営業がしにくい仕事
エージェント経由
○ 顧客対象が広がる
○ テーマが広がる
○ 講師に専念できる
▲ 売り上げをエージェントとシェアする
▲ クライアントと話が遠くなる（ワンクッション入る）
○メリット　▲デメリット

このように、どちらも一長一短です。しかし、**圧倒的に多いのは、エージェント経由で仕事をしている講師**です。例外的に自社で営業マンを雇い、直接請負中心で稼働している講師もいますが、これはネームバリューがないと難しい方法です。

上の図に挙げたこと以外にも、エージェント経由のメリットがあります。**講師個人では縁ができないような企業に出講できる、新テーマにチャレンジする機会を与えてもらえる**ことです。私も、直接企業から頼まれたら断っているような自信のないテーマを、エージェントに説得されて実施したらうまくいって、その後の持ちネタになったという経験が数多くあります。

そういうこともあって、私はエージェント経由派です。もと研修営業マンとして、ひとつの研修を受注するのがどれだけ大変で、工数のかかる仕事かわかっていますから、売上をシェアするのは当然だと思っています。

エージェントの難点は、担当次第でやりやすさが相当変わるということです。よいエージェント企業、よくないエージェント企業という区分はあまりなく、よい担当者とそうでない担当者がいるだけだと思っています。そうなると縁の世界です。

ただ、せっかくよいエージェント担当者と出会っても、その縁を活かせない講師がいます。エージェントの担当者に敬遠されてしまう講師です。具体的には次のような人です。

①エージェントの顔をつぶす

クライアント企業の前で、エージェントの担当者の説明不足を責めるような言動をする、研修当日にクライアント企業に大量のコピーを依頼するなど、エージェント担当者の面目をつぶすような講師は嫌われます。

②資料類の提出が遅い

研修エージェントが資料を用意する場合、通常は２週間ぐらい前に講師から原本をもらっておき、内容を確かめた後でコピーや印刷にまわし、余裕をもってクライアント企業やセミナー会場に送っておきたいものです。それが3日前に来るようではチェックもできませんし、最悪の場合、残業してコピーし、研修会場まで持って行かなければなりません。部数が多くなると紙は結構重く持参は大変です。また、納期は早くても誤植が多いと修正の工数がかかります。

資料がらみで手間のかかる講師は敬遠されます。

③スケジュール通りにやらない

研修の企画にはクライアント企業の担当者、研修エージェントの企画担当、営業マンなど様々な人が関わっています。そして、協議の上でできたのが最終企画です。それを無視して実施すれば、多くの人が不快に思うことになります。講師の中には、「ねらった効果を出せればやり方は任せてもらうのが当然」と考え、企画書のスケジュールとまったく違う進行をする人もいます。そんな話は通りません。そういう人はエージェントに頼まず、自分で営業すればよいのです。

講師にとって、多少やりにくい進行になっているかもしれませんが、それも含めて請け負うのがエージェントとともにやっていく道です。

④クライアント企業に直接取引をもちかける

これは講師というより人間としての問題で、お話になりません。そのエージェントに出入り禁止になるだけでなく、噂は広まります。講師業界は案外狭く、すぐにバレますし、そういうことをやった講師は他のエージェントからも声がかからなくなります。

このほかにも、エージェントの営業マンに「受注できなかった研修について、いつまでも未練がましく苦情めいた話をする」、「仕事をくれとしつこく言う」、「やり方に注文をつけると不機嫌になったり怒り出す」、こういう講師は敬遠されます。

逆に言うと、エージェントに対して誠実に接し、本書に出てきたマナーを守っていれば良い関係が築けるということです。

4 ホームページは有効な販売促進ツール

デビュー直後で、稼働の少ない講師からよくこんな話を聞くことがあります。「もうじきホームページができるので、そうすれば仕事も来るようになる」。残念ながらそうはいきません。研修を企画している担当者がグーグルで検索して、たまたまその人のホームページを見て問い合わせをしてくることなどめったにありません。

それでも、ホームページは有効な販売促進ツールです。例えば私の会社のホームページには年間3万5千件ぐらいのヒットがあります。その中で、お話がくるのは年間3～4件といったところでしょうか。しかし、**その3～4件がその後の長いおつきあいにつながったりするのです**。

また、雑誌やウェブの記事で自分のことが取り上げられた場合のアクセス先として、ホームページがあるとないとでは大違いです。

ホームページを作れば仕事がどんどん来るというのは幻想ですが、持っていれば効果はあるということです。

ほかにも効果があります。研修エージェントはクライアントに複数の講師を紹介することがよくあります。いまは、**クライアント企業の担当者も、どんな講師かすぐにネットで調べます。**そのときに、ホームページがあって、自分の持ち味をきちんと伝えることができれば、選ばれる確率が上がります。

ホームページは簡単なものでよいと思います。掲載が必要な内容は、次のようなものです。

■図14　ホームページの例

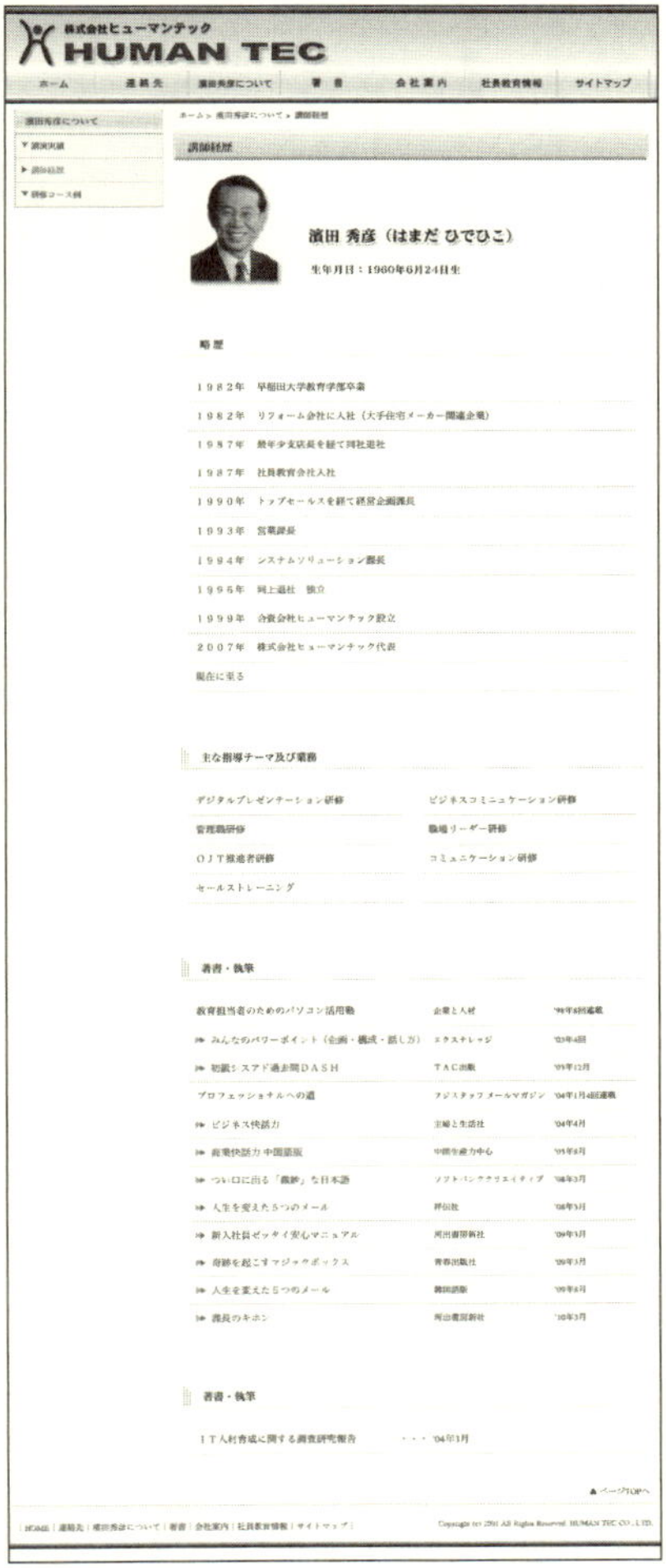

・講師の顔写真
・経歴書
・得意分野の研修企画
・実績

顔写真は重要です。研修エージェントやクライアント企業が講師の雰囲気を知るためになくてはならないものです。「経歴書」はエージェントが講師を判断する材料になるだけでなく、クライアントの事務局が研修時に講師紹介をする際の参考にもなります。また、「得意分野の研修企画」でどんな研修をやる講師なのかが想像できます。そして「実績」は、どんな業界、企業に向いた講師なのかを知るために見たいものです。

これだけあれば十分です。

なお、講師の中にはブログ、SNSやツイッターを活用して広報活動をしている人もいます。私自身がやっていないので、そちらの効果はなんとも言えませんが、業界の中で話題になることは少ないです。

講師のホームページは、**研修エージェントやクライアントとの間の中継点**のようなものです。準備期間に作っておくとよいでしょう。

5 伸びる講師、ダメになる講師の分かれ目は？

無事デビューできて、営業の枠組みもできれば、講師業は軌道に乗ります。次の問題は、講師として伸びるかどうかということです。

客観的な見方をするために、研修エージェント側の視点で考えます。

意外なことですが、**「自分は講師に向かない」と思っている人の方が伸びます。**これは、私のエージェント時代の経験からも言えますし、いまおつきあいしている複数の研修エージェント担当者もそう言っています。

なぜかというと、「向いていない」と思うからこそ、謙虚にインプットを行い、準備をきちんとして研修やセミナーにあたるからです。

一方、「自分は向いている」と考える講師は、インプットをおろそかにし、準備の手を抜く傾向があります。トークはワンパターンになり、資料の鮮度が落ちます。研修がうまくいかないときに受講者やクライアント企業、研修エージェントのせいにします。研修の

■図15　伸びる講師　ダメになる講師

伸びる講師	ダメになる講師
① 勉強熱心	① 充電せず放電のみ
② 適度に心配性	② 見通しが甘い
③ 自己客観性が高い	③ 自分を映す鏡を持たない
④ 対人関係の感受性が鋭い	④ 対人関係に鈍感

中でも上からモノを言うことが増え、共感を得にくくなり、「裸の王様」になっていきます。こうなるとすべての関係者からそっぽを向かれ終わっていくわけです。

　ある時期売れっ子だったのに、こうしてダメになっていった講師を大勢見てきました。デビュー時に評判のよかった講師ほど危ないのです。

　では、ここで、伸びる講師とダメになる講師の条件を具体的に挙げてみます（図15）。

　対比していきましょう。

　まず①について。講師が勉強しなくなるときは、講師を辞めるときです。持ちネタの中には時代とあわなくなっていくものが出てきます。**同じコースでも絶えずバージョンアップする**必要があります。自ら受講者となりセミナーに参加したり、本を読む、特定のテーマについて勉強会を主催する、こういう講師は長持ちします。

仮に講師の稼働日が年間100日だとすれば、同じく100日は準備に割かれます。残り165日でいかにインプットできるかが分かれ目です。

②の心配性は、事前の情報収集、しっかりした準備につながります。見通しの甘い講師は、なんとかなるという姿勢で重大なミスを犯します。

例として、私が過去にセッティングした講師のミスを挙げましょう。その講師は、受講者の大半が営業支援部門の方で、社内業務が中心であったにもかかわらず、毎日外に出る営業マンという想定でオープニングトークをやってしまったのです。当然、会場は不穏な空気に包まれます。最初の休憩あけに修正コメントを入れてもらいましたが、これは致命的なミス。事前に文書と口頭で念押ししておいた私の面目は丸つぶれ。心配性の講師にはこのようなことはありません。

ただし、この点は「適度」というところも重要です。心配性が過ぎると、神経過敏になり、研修エージェントやクライアント企業に細か過ぎる質問を連発し、相手をうんざりさせることもあります。**ほどほどに心配性**がベストです。

③の「自己客観性」を持ち続けるのは意外に大変です。若くして講師になり、**「先生」と呼ばれ、勘違いしてしまう**人もいます。受講者が「先生」と呼ぶのは、尊敬の証しとい

うより儀礼的なものです。名前を覚えなくても「先生」と呼べば済むので、便利ということもあるでしょう。そのぐらいに思っていないとおかしくなっていきます。

また、一部の受講者アンケートで「私も先生のようになりたい」というように賞賛してくれる方がいたり、クライアントの事務局から「感銘しました」のように誉めていただけることもあります。その言葉はありがたく頂戴すればよいのですが、舞い上がってしまう講師は、傍目で見ていると滑稽な感じがします。冷静に自分を見つめる目も講師には必要です。

④の「対人感受性」については、講師業界の特殊性にも関連します。**講師業界は、クライアント企業の事務局、研修エージェント、講師の三者が作っている世界**で、それぞれ立場は異なります。各々のポジションを尊重しながら進めていかなければなりません。

例えば、事務局担当者にも上司がいます。そして、上司が無理な注文をつけ、担当者がやむなく了承することもあるでしょう。それが原因で生まれる研修のやりにくさについて、つべこべ言っては気の毒です。

また、エージェントの担当者は数多くの案件を抱えています。リピート受注では「前にやっているから大丈夫だろう」と多少油断もします。そのために生じる確認の甘さに対し、責め立てるのは控えたいもの。講師側が気をつけ、事前に「今回もグループ分けは先方でするのですか?」とアラームを出せばよいのです。

相手の立場を思いやり、適切な対処をするために、対人感受性は重要です。

これらが、伸びる講師とダメになる講師のポイント別対比です。

こうして書いていると冷や汗が出てきました。私自身がダメ講師にならないよう気をつけなくてはと思う次第です。

6 講師を続けるために必要な努力

この章で進めてきた「デビュー後の収入・スキルアップ」の話の最後は、講師の自分磨きです。

デビューしたら、できるだけ長く講師として活動したいものです。そのために必要なことを整理すると、次のようになります。

①企画力を高める

時代や企業の課題をつかみ、解決策としてのコース開発を続けることが必要です。新しいテーマについては、英語力のある方が有利です。やはり、**ビジネス教育の新潮流はアメリカから来る**ことが多いもの。英語力があれば、まだ日本で話題になる前に、ネットや書籍でその情報をつかみ、先手を打って提案していくことができます。

新しいテーマを見つけることだけが企画力ではありません。これまで手がけたテーマに異なる角度から光をあて、魅力を維持することもできます。

例えばコミュニケーション研修の中の「アサーション（爽やかな自己主張）」というテーマは、かつてセクシャルハラスメント対策という意味合いで取り上げられることが多かったものです。それが、いま、メンタルヘルス対策という位置づけで再び脚光を浴びています。このような素材はまだたくさんあり、**掘り起こして現代風にアレンジする**のも企画力だと思います。

さらに、**自分自身を活かすための企画**も考えていく必要があります。講師も年齢を重ねるとともに、年代にマッチしたテーマに軸足を移していかなくては、仕事が減っていきます。

例えば、女性講師で多いのが、若くしてマナー研修でデビューし、年齢を重ねてコミュニケーション系に比重を移していくケースです。マナー研修や新入社員研修は、30〜40代前半の講師が主力になる分野で、そこだけで勝負していると先々厳しくなります。

自分の活かし方を考える企画力は、長く続けるために最も重要なポイントになります。

②インストラクションスキルを高める

本を読み、セミナーを受講し、絶えず効果的な方法を模索することが大切です。

研修講師やコンサルタントが書いた本を読むと、「これは使えそうだ」というやり方がでてきます。中には、やってみるとウケなかったり、うまくいかないこともでてきますが、試してみないことにはわかりません。**リスクの少ない場面で試行錯誤**しながら方法論を増やしていきます。

セミナーを受講して自ら体験したやり方は、活用できる可能性が高いものです。効果もわかっているので手っ取り早いのはこちらでしょう。ただ、ある程度稼働している講師は、セミナー主催者から「ご同業の方は」と断られることもあります。講師もやりにくいでしょうし、気持ちはわかりますのでその場合は諦めます。なお、この傾向は法人向けのセミナーに多く、個人向けのセミナーではあまり言われません。そちらを主に受講するという手があります。

いずれにせよ、他者を手本にして学ぶ道が最もよいでしょう。

③人脈形成

講師業は、結局のところ人と人とのつながりでできている世界です。様々な機会を自ら作り、人脈を広げていくこと自体が営業活動です。また、人事・教育担当者、研修エージェントの人々、同業の講師との会話から、新たなネタや視点を得ることができます。

それだけではありません。講師は様々な企業に登壇します。中には、初めてお受けする業種もあります。そんなとき、知り合いの中に同業の人がいて、話を聞くことができれば、その業種に関する予備知識を得ることができます。

すべての出会いが講師業に活かせるのです。

一方、これまでお世話になったエージェント、クライアント企業との関係を継続することも大切です。

とはいえ、特別な用もないのに「たまには会いましょう」というのも不自然なもの。最もよいのは著書が出たらお送りする方法です。著書でなくても、ビジネス誌に掲載された自分の文章、論文の抜粋をお送りすればよいでしょう。こういうものがなければ、年賀状で近況を報告するだけでもよいと思います。

以上が長く講師を続けていくために必要なことです。

尊敬できる先輩講師の方々が口を揃えておっしゃるのは、「自分は一流だと思ったらおしまいだ」ということです。一流の人ほど、自分はまだ未熟だと考えるようです。

私自身は凡人ですので、努力を怠れば、あっという間に講師業が店じまいになることはよくわかっています。地道に努力を重ねるしかないと思っています。

5

あなたの「講師度」シミュレーション

この章では、あなたの講師適性を、性格、スキルの両面から見ていきます。あわせて、様々なタイプの人気講師像をご紹介することで、あなたの中の講師としての可能性を探っていきましょう。

1 講師業性格マッチング

この章ではあなたの講師適性を計ってみます。まずは、性格的なことから。
図16の質問に○×で答えてください。

■図16

講師の性格マッチングテスト

①人と会うのは好き	Yes ／ No
②自分は謙虚な方だと思う	Yes ／ No
③本を読んで新しい知識が増えると嬉しい	Yes ／ No
④気持ちの切り替えが早い	Yes ／ No
⑤コツコツと努力する方だ	Yes ／ No
⑥人のせいにしない	Yes ／ No
⑦研修やセミナーに参加するのは好き	Yes ／ No
⑧自由に生きたい	Yes ／ No
⑨適度に慎重だと思う	Yes ／ No
⑩創意工夫する方だ	Yes ／ No

○の数であなたの講師適性がわかります。

10～8個　性格的にはかなり講師に向いています

7～4個　そこそこ講師に向いています

3～1個　少し意識を変えれば講師が適職になるかもしれません

0個　　講師以外の道の方があっていそうです

この判定は、私が見てきた500人以上の講師の傾向から作ったものです。うまくいっている講師に共通するのは、設問①～⑩のような性格です。

単純に考えても、人と会うのが嫌いだと講師はできないでしょう。毎日のように大勢の人に会うわけですから。切り替えの早さも結構重要です。前日の研修がうまくいかなかったとしても、翌日に引きずるわけにはいきません。明日はまた、新しい受講者が待っているのです。

本を読んだり、研修やセミナーに参加することが苦になる方は、インプットがしにくくなります。デビュー後の品質維持に関係しますので、適性としてはマイナスになるでしょう。

自由については、少し説明が必要です。いま、企業に属している方が、自由よりも安定を望むならば、独立して講師になるのはつらいと思います。ただ、まもなく定年を迎える、あるいは育児、介護などの事情でフルタイムで働けない方は、ここに○がつかなくてもよいと思います。自由に関する質問はそう考えてください。

全体を通じて、さほど特別な項目はないことがわかっていただけたと思います。**チームリーダー、グループリーダーに求められる特性とたいして変わりません。**

質問の中に「元気」や「前向き」、「明るい」が出てこなかったのが不思議かもしれません。それらは、マインド系の研修やセミナーを担当する場合は必要になりますが、知識付与系の研修ではさほど重要にはなりません。あまりに暗いのは考えものですが、「普通」ならば大丈夫だと思います。

ひとつも○がつかなかった方は、いまは講師に向く感じではないと思います。ただ、意識は変わります。「現時点では」ということで理解してください。

数多く○がついた方は、性格的には講師に向いています。しかし、性格的にマッチしていてもスキル不足では登壇できません。次にスキルについて見ていきましょう。

2 講師業スキルマッチング

今度はスキルに関する質問です。図17の問いに○×で答えてください。

■図17

講師のスキルマッチングテスト

①大勢の前で15分程度、相手の興味を引きながら話すことができる	Yes ／ No
②顧客向けの提案書、あるいは社内向けの業務改善企画書を作ることができる	Yes ／ No
③イベントの運営が得意	Yes ／ No
④ひとことで簡潔に言うことができる	Yes ／ No
⑤ミーティングの司会を上手く行うことができる	Yes ／ No
⑥上司や他部門を説得することができる	Yes ／ No
⑦説明会で質疑応答を落ち着いてこなすことができる	Yes ／ No
⑧同時並行作業は得意	Yes ／ No
⑨論理的にわかりやすく構造化して説明できる	Yes ／ No
⑩相手の目を見て語りかけるように話す	Yes ／ No

これらは、専門分野にかかわらず共通して必要になるスキルです。整理すると、3つの力に大別できます。

1つめは**「企画力」**。②、⑨が該当します。90分の講演ならばひたすら話したおして終えることもできますが、半日～2日の研修では組み立てが重要なポイントになります。個々のセッションがよくても、つながりが悪いと内容が受講者の腹に落ちません。また、企画力は研修資料を作成する際にも必要になります。研修テーマを体系的にブレイクダウンし、ビジュアルも活用しながら、わかりやすく表現するスキルが必要です。

2つめは、**「話すことを中心とした対人関係能力」**。①、④、⑥、⑩が該当します。これは講師の中核的なスキルです。

3つめは**「対応力」**。③、⑤、⑦、⑧が該当します。研修はナマモノですから、いろいろなことが起こります。適切に対応する感覚はイベント運営に似ています。グループディスカッションの前提を伝え、うまく進行させるのは会議の司会に似ています。質疑応答のスキルは、説明会も研修も同じです。ディスカッションに介入し盛り上げながら、一方で冷静に終了時間を計算する同時並行的な感覚は、研修運営に求められる重要なポイントです。

スキルは鍛えて伸ばすことができます。○がつかなかった部分については、自己研鑽すればよいのです。各スキルの伸ばし方は、第2章4項の「講師に必要なスキルを磨く」を参考にしてください。

講師のスキルの多くは、企業内の日常的な場面で鍛えることができるものです。ミーティングの司会や、説明役を買って出るなど、自ら機会を作ってトレーニングしていけばよいでしょう。

スキルマッチングテストで○が多くついた方は、専門領域に関する知識が備われば、いつデビューしてもやっていけると思います。前項の性格と本項のスキルに○がたくさんつくようなら、具体的に講師業を検討するとよいでしょう。

3 話しベタでも講師ができるワケ

読者の皆さんが講師業を考える上で、最大のポイントは「人前で話すこと」でしょう。講師のスキルに関する考察でも、話すことを中心とした対人関係能力が重要なことは述べました。

しかし、そこだけに過剰に意識が向くのも考えものです。どれだけ話がうまければ講師として合格点なのか、と考えると、**一般的なレベルに対し、中の上ぐらいで可能**なのだと思います。

研修エージェントの担当者として、自分が受注した研修に立ち合った時、次のようなことがよくありました。

最後の決意表明的な発表で、受講者の中に話のうまい人がいて、その後の講師のまとめのコメントを聞いていると、「さっきの受講者の方が話がうまいじゃないか」と感じられるのです。あるいは、その後の研修事務局の話のほうが講師よりもうまかったという経験も多々あります。

そういう講師でも、受講者と事務局が満足すれば、リピート受注がいただけます。クライアント企業や受講者の満足度は、講師がどう話したかではなく、研修を通じて何が得られたかによって決まるのです。講師の話がうまいというのは、よいことではありますが、それだけで研修の満足度が決まるわけではありません。

話がうまくなくても、人気のある講師はいくらでもいます。極端な話、プレゼンテーション研修の講師なのに話がうまくないケースさえあります。受講者の中には、アンケートで「プレゼン講師として、話が長く、時々詰まるのはいかがなものか」といったコメントを記す方もいました。ごもっともです。

ところが、全体としては受講者満足度も、事務局の評価も高いのです。種明かしをすると、この講師はトレーニングにおけるコメントがうまく、受講者ひとりひとりにマッチしたアドバイスが得意なのです。実際に、受講者は研修前に比べ見違えるようにプレゼンテーション力が上がります。また、「プレゼン資料作成のコツ」というセッションでは、品質の高い事例を惜しげもなく提供し、資料作成の個別指導を細やかにやります。

このように、総合点でよい仕事をしている講師がいるのです。

研修エージェントの担当者としては「もうちょっと流暢に話してほしい」というのがホンネでした。でも、リピート受注が取れる講師は営業的に一番ありがたいですから、クライアント企業に積極的にお勧めしました。

結局、トータルで満足してもらえるのがよい講師です。

いま、**人前で話すのが苦手だからといって、「自分には講師はムリ」と決めつけないでいただきたい**と思います。

私は、講師としてやっていける可能性は誰もが持っていると心から思っています。

4 人気講師のタイプ

ここで、研修エージェント時代の私の経験から、典型的な人気講師のタイプを3つご紹介します。自分はどのタイプを目指すとよいか、考えながら読み進めてください。

エナジャイズ派

エナジャイズとはエネルギーの伝染のこと。話を聞いているうちにエネルギーがもらえるような講師がいます。タイプとしてはエネルギッシュで明るく、前向き。なんでもストレートに表現する熱血派です。受講者に対しては、以前からの友人のように気さくに接し、兄貴、姉貴のような感じがします。

このタイプの講師のアンケートを読むと、必ず書かれているのが**「元気がもらえた」**という言葉。人間的に惚れられて、「また先生の講義が聞きたい」という感想を得られます。

活躍フィールドはマインド系、スキル系の中でもヒューマンスキルが中心になります。

ロジカル派

このタイプは多弁ではありません。短く、断言していきます。そして、組み立てで受講者をハメていきます。

例えば「なぜ、指示がうまく伝わらないのか」という問いで、受講者に考えを言ってもらいます。そして、発言をホワイトボードに3分類して書いていきます。最後にその3分類にラベルをつけます。①言い方が悪い、②内容が悪い、③聞き方が悪い。そして「原因はこの3つしかない。では、どうすればよいか、順番に原則を説明します」と整理していきます。

ケーススタディでは、少し意外な、それでいて核心をつくような正解を提示します。

このタイプの講師のアンケートでは、「もやもやしていたことがスッキリした」**「目からウロコが落ちた」**というコメントが多く見られます。そして、「今後は違うテーマでも受講したい」という感想を得られます。

活躍フィールドはスキル系全般が対象です。

フィードバック派

フィードバック派の真骨頂は、ロールプレイングやグループ討議の後のコメントです。

例えば、2名の代表者に上司と部下の面談演習をやってもらいます。絶妙のタイミングでストップをかけ、部下役に「いま、どんな気持ちでした?」というシンプルな問いかけをします。部下役が「もっとはっきり言ってほしいと思いました」と答えます。講師はサッと聴衆に向き直り、「これが、皆さんの部下が感じていることです」と伝えます。聞いていた受講者はハッとします。

このタイプの講師のアンケートには、**「気づかされた」**という言葉が繰り返し出てきます。そして、「この研修を職場の他の人々にも受講してほしい」という感想が得られます。

フィードバック派の中には、話がうまくない人が結構います。見た感じもオープニングトークもパッとせず、受講者も事務局担当者も「大丈夫なのか」と心配します。しかし、終わってみるとすごく良い研修になっている。こんなタイプの講師もいるのです。

このタイプの講師の活躍フィールドは、ヒューマンスキル系が中心です。

いかがでしたか。皆さんの方向性が見えたでしょうか。

各タイプの末尾に記した活躍フィールドについては、ジャンルを超えて存在することもあります。例えば、資格取得のための知識研修、これはスキル系ですが、そこにエナジャイズ派の人気講師がいたりもします。

ご自分のキャラクターを活かす道は必ずあるはずです。

6

デビュー前の疑問に答えるQ&A

将来講師になろうと考えている方からいろいろと質問されることがよくあります。最終章では、そのご質問に答える形式で補足をしていきたいと思います。

Q デビューまでの下積み期間はどの程度必要ですか？

できれば1年間ほしいところです。本書で挙げているビジネス系の研修・セミナーは企業活動と密接な関係があり、季節ごとにメインテーマが変わっていきます。その流れを一回すべて体験しておけば、心構えもしやすいのです。

企業研修の1年の流れは図18のような感じです。

企業は、人事制度と関連の深い階層別研修を優先する傾向があります。最優先になるのは、新入社員研修。これは先送りできません。と同時に、4月は昇進・昇格がある時期。昇進・昇格後なるべく早い時期に研修を受けさせるという意味で、新入社員研修が一段落したら、前期は階層別研修を中心に実施していきます。

一方、後期は階層別研修の積み残しを実施しながら、目的別のスキル研修を実施してい

■図18　企業研修の一年の流れ

4月	新入社員研修　新任管理者研修
5月～7月	**前期の研修シーズン** 階層別研修が多い
8月	夏休みも入るので研修は少なめ
9月～11月	**後期の研修シーズン** 目的別研修が増える
12月～1月	年末年始で研修は少なめ
2月～3月	年度内予定分の駆け込み実施

く時期です。

また、2月～3月は翌年度の研修計画を立てる時期でもあります。この時期には企画依頼が多くきます。講師業も忙しい時期なので、ついつい後回しにしてしまいがちなのですが、そこで**仕込みをしておかなくてはいけません。**時間に余裕ができ、「そろそろ出さなくては」と思ったときには、すでに提案時期を過ぎているということも起こります。

このようなことは頭で理解できても、その流れの中に身を置かないと実感しにくいものです。そういうわけで、1年間の下積み期間に一通り体験しておきたいのです。

また下積み期間には、いろいろな人に

お会いして、講師業を本格的にはじめることを予告する営業活動もします。

最も避けたいのは、先のメドが立たないうちに下積みもなく会社を辞めてしまうことです。下積みの間、多くの収入は期待できません。失業保険が出ているうちはよいのですが、それが終わったときに先の見通しができていないと焦ります。そういう人を数多く見てきました。

焦って辞めてしまわず、企業に勤めているうちに下積みをしておき、退職したらすぐに講師業がスタートできるようにするのがよい方法です。

一方、すでに会社を離れている方は、生活の基盤を守りつつ、下積みをするとよいでしょう。再就職して、じっくり下積みするのもよいと思います。

下積み期間は、長い分には2年でも3年でも構わないでしょう。その期間に貯金したノウハウは後で必ず役に立つものです。

Q 講師になるのに資格は必要ですか？

純粋に講師になることだけを考えるならば資格は不要です。弁護士、公認会計士、税理士など難関の国家資格を除けば、資格が講師業に有利になることは少ないと思います。

講師そのものは資格がなくてもできます。むしろ、**何の資格も持たない講師の方が多い**と思います。また、持っていながら表明していない人もいます。

私の知っている社会保険労務士は、主に階層別研修の講師をしています。彼は名刺に資格を記していません。なぜかと聞くと、「人事系の事務屋さんだと思われてしまうから」ということでした。各種資格の受験対策講師になるなら別ですが、そうでなければ資格と講師業を直接結びつけて考えるのは早計です。

私が研修エージェントをやっていた頃、資格を前面に出してアピールしてくる講師がいましたが、聞いているうちに「だから？」という気持ちになったのを覚えています。

私自身もいくつかのビジネス資格を持っています。ただ、名刺にも書いていませんし、聞かれない限りはお伝えしません。

ただ、資格を取る過程で知識を得ることは大切なことだと思います。まとまった知識の体系が試験対策を通じて身につきますので、そういう点では大変有効です。

資格に関するジョークで、よく知られているものがあります。「資格とは足の裏についた米粒みたいなもの。なぜなら取っても食えない」。そこまで言うこともないと思いますが、持っていれば、と過信すべきでないことは確かです。

Q 専門分野以外の講師を頼まれたときはどうしたらよいでしょう？

これは、慎重にした方がよいと思います。例えば、コンプライアンスというテーマの研修のオファーがあったとします。このテーマに最もフィットする講師は、弁護士などの有資格者、あるいは企業の法務担当で長年実務をやってきた方でしょう。

そのテーマのオファーが、法律に特別詳しいわけでもない講師に来たとしたら、それは何か背景があるはずです。

頭に浮かぶのは2つのシナリオ。ひとつは、日程とテーマが決まっていて、弁護士や法務担当経験のある講師が手配できなかった場合。もうひとつは、法律面より運用面、例えば「部下が不正に手を染めないようにするために、上司はどのようなマネジメントをすればよいか」がポイントになっている場合です。

前者は、お断りした方がよいと思います。法律や判例に関する知識が少ない状態では踏み込んだ話もできません。また、質問されても答えられないでしょう。

一方、後者はお受けしてよいと思います。自分の専門分野の側からコンプライアンスを捉えるということならば、研修の品質も確保できます。

メンタルヘルスというテーマも同じような位置づけになります。医者でもなく臨床的な知識もない人が精神疾患や対処法について話すのは危険です。一方、予防的な意味合いで「部下の話をよく聞く」ことをメインテーマにして担当するのはアリだと思います。

基準は、**研修のメインテーマに即した具体的な質問に答えられるかどうか**です。

このほか、「自分の専門領域に近いが、いままでやったことがない分野」のオファーを受けることもあります。これは、経験上、積極的にやった方がよいと言えます。

コミュニケーション系、マネジメント系の研修を数多く担当してきた私に、ある日研修エージェントの担当者から「報連相をテーマに1日研修をやらないか」と打診がありました。

できそうな気もしましたが、そのテーマで1日できるコンテンツを持っていなかったこと、準備期間が短かったこともあり、一度はお断りしました。

しかし、エージェントの担当者はねばります。これまで私の研修を見て、得意分野もよく知っている担当者です。最後は説得されて実施することになりました。

まずは、報連相に関する本を5冊読みました。そうすると、誰もが共通して重要視するセオリーのようなものが見えてきます。それぞれの本の中に共感できる部分、疑問に思う部分、反論したくなる部分が発見でき、自分のスタンスも見えてきます。ただ、それをツギハギするだけでは研修になりません。

スタンスを整理した上で、自分が報連相をする立場でした経験、させる立場でした経験、他の研修の中で受講者が報連相について語っていたことを思い出し、クライアント企業の姿勢、受講者の知りたいことなどを考え、中心になるメッセージを組み立てます。形になってきたら、話を持ちかけてくれたエージェントにぶつけ、意見交換しながら本線を固めます。

そこまでいけば、あとは実習用のツール作りです。一部は、過去にコミュニケーション系の研修で使ったツールをアレンジして準備しました。

こうしてなんとか準備し、実施しました。評価はまあまあで一応責任は果たせました。ただ、反省点、改善すべき点が残りました。改善を加え、二度目に同じテーマでやったときには、かなり手応えがありました。そして、今では持ちネタのひとつになっています。

この経験から学んだことは2つです。持ち味を理解した上で、**新しいテーマの宿題をくれるエージェントは自分を育ててくれる大切なパートナー**だということ。そして、**自分の専門分野の近くにあるテーマは積極的にやった方がよい**ということです。

Q 講師業の一番の喜びは何ですか？

やはり、受講者が研修やセミナーに参加したことに喜びを感じているのを見るのが一番嬉しいことでしょう。

以前こういうことがありました。電車に乗っていたら、ポンと肩を叩かれ、振り返ると35歳ぐらいの知らない男性が「先生ですよね」とおっしゃいます。そう言われてみれば見たことがある感じの方で、おろおろしていると「＊＊社のY田です。3年前にキャリア開発研修を受けさせてもらいました」とおっしゃいます。確かに、その会社で研修をやっています。

彼は「あの研修の後、自分は結構いい感じなんです。モチベーションが上がって、仕事も充実して、昇進できました」と言ってくれました。

研修はともすれば「すぐに効果は出ない」とか「終わると忘れる」と言われます。そういう研修もあるとは思いますが、少なくとも私は効果を出せると思ってやっています。でも、研修が終わると参加者の皆さんに会うことはめったになく、成果を実感できる機会はあまりないのです。

そんな状況ですので、声をかけてくれた彼には感謝しています。その一言だけでいろいろな苦労も乗り越えられる気さえしました。

「受講者の喜びが自分の喜びになる」ということは、すべてのジャンルの講師に言えることだと思います。

Q 講師業で一番苦労するのはどんなところですか?

これから講師を目指す読者の皆様に苦労話をするのは気が進みませんが、本書のウリは「リアルなこと」ですので記します。

大きな苦労は4つあります。

1つめは**健康管理**です。研修やセミナーのある日は、どんなに体調が悪くても会場に行かなければなりません。私はシステムの仕事もしております。システムの仕事ですと、体調が悪ければ担当の方にお願いし、打ち合わせの日程を変更してもらう、電話とメールで済ませてもらうということも可能ではあります。しかし、講師業はその日、多くの皆さんが集まるのですから行かないわけにはいきません。

私にも、多少体調の悪い日があります。予兆を早めに察知し、医者に行って薬をもらっておき、悪化する前に治す、あるいはだましだまし乗り切るということをします。もし、バッタリ倒れてしまい数週間分の仕事をキャンセルすれば、その間の収入はゼロになります。健康管理ができないと死活問題になるのです。

2つめは**日給仕事に対する不安感**です。講師の報酬は1日単位が基本。ある月、1日も仕事が入らなければ無給になってしまうわけです。実際にそういうことはありませんでしたが、日程の入りが遅い年など「大丈夫かな」と不安になることはあります。

3つめは**緊張感**です。大勢の人の前で話すのですから、それ相応の緊張感はあります。私は12年間で1000日以上講師をやってきましたが、いまだにスタート時は緊張します。というより、前日からナーバスになります。高い日給をもらうのですからやむを得ないこと、と言い聞かせていますが、それでも「何かの事情で明日の研修が中止にならないかな」と現実逃避してしまうこともあります。

最後は**日程管理**です。通常、研修やセミナーの日程が決まるまでには仮押さえの期間があります。例えば、1日の研修を担当するのに、2~3日ぐらいの候補を出し、クライアント企業の都合、会場の都合などを調整して本決まりになります。

スムーズに決まればよいのですが、仮押さえ期間が長くなり、そこに他の打診が入ると調整が必要になります。仮押さえをしているクライアント側は、選択肢として日程をキープしていたい。新たな打診をしてくれたクライアントとしても早く日程を押さえたい。その狭間で講師は葛藤します。

うまくいかないときは、新たな打診を断った直後に、仮押さえしていた案件が流れてしまうこともあります。仕方のないことですが、悶々とします。

これらが講師の苦労ですが、「一番苦労すること」は人によって異なるでしょう。私の場合は緊張感との折り合いが一番苦心します。

このような苦労はあるのですが、あとは考え方です。健康管理をきちんとした上で起こるケガや病気はやむを得ないこと。手術などで数カ月仕事を休んだ講師も元気に復帰して活躍していますので、心配しすぎるのもよくないでしょう。日給仕事に関する不安感は、講師でなくてもフリーで仕事をしている方は誰でも感じているでしょう。

緊張感は、準備をしっかりやる動機付けになりますし、緊張感が大きいほど終了時の解放感も大きく、晴れやかな気分になれます。日程管理でも、奇跡のようにうまく出張が組めることがあります。

「よいことと同じぐらい苦労はある」。どんな仕事も同じではないでしょうか。

Q 出張はどのぐらいありますか?

研修の休憩時間に、受講者や事務局担当からよく聞かれるのがこの質問です。

私の場合、千葉に住んでおりまして、1年間に20~30日ぐらいの出張があります。一番多い出張先は関西、次いで名古屋、そしてそのほか。

よく言われるのが「全国いろいろなところに行けていいですね」ということなのですが、そうでもありません。

典型的な出張のパターンは、前日の夜遅くに現地のビジネスホテルに入り、ホテル近辺で食事をして翌日の準備をする。当日は朝から研修で、終わったら電車に飛び乗って帰ってくるというものです。

地元のおいしいものを探して食べに行きたいという気持ちはありますが、翌日の研修が気になり、近場で済ませてしまうことがほとんどです。

それに、高い飲食費を使ってしまうと、何のために出張にきたのかわからなくなります。

そんなこんなで出張の楽しみを満喫することはできないものです。

ただ、他の講師の中には出張を楽しんでいる人もいるようです。前日、早く現地入りして観光スポットをまわったり、夜はホテルから離れた有名料理店まで出向いて名物を食べたりするそうです。

そういう話を聞くと、羨ましいと思うのと同時に、大丈夫なのかなと気になります。準備がしっかりできていて、内容に影響が出なければよいのでしょうが……。デビュー後、少し慣れてきた講師が「何度もやった研修だから大丈夫だろう」とタカをくって遊んで痛い目にあったというのは、よく聞く話です。

ということで、出張は多いのですが、そんなに特別な楽しみがついてくるわけではありません。

まれに、関西で仕事をした翌々日、名古屋で仕事というようなことがあります。その場合、東京に帰ってまた出張するのもムダなので、関西か名古屋に宿泊します。そういう時に、少しのんびりできるぐらいです。

Q 講師は何歳までできるのですか?

講師に定年はありません。本人に意欲があり、仕事があれば、何歳でもできます。私の知っている講師は**70歳を超えたいまも元気に登壇**しています。ただし、経年によって少しずつ仕事の仕方は変わってくるようです。

研修エージェントの営業時代の経験では、55歳を過ぎたあたりから講師は宿泊つきの2日研修がしんどくなってくるようです。そして、60歳も近くなると、1日研修よりも数時間の講演を主にする傾向があります。

研修は気力、体力を使います。20～30人の受講者を引っ張っていくには、かなりの気力が必要です。そして、ほとんどの講師は、立ったまま研修やセミナーを進めていきます。立っているだけで体力は消耗します。

そういうことから、徐々に長い研修がしんどくなっていくのでしょう。だんだん立っている時間を短くし、ひとりひとりの受講者に深く関わるよりも、言いたいことをパッと言って終わりにしたくなるのだと思います。

こうして徐々に負荷の少ない働き方に移行し、65歳ぐらいからは年に数回登壇する程度になっていきます。そして、カウンセリングや書く仕事、講師を育てる仕事を中心にしていく方が多いです。

専門分野によって、多少の違いはあります。マネジメントやコミュニケーション、キャリア開発系は寿命が長い傾向があります。やはり、人生経験を内容に反映させやすいからでしょう。また、資格取得系では「御大」のような位置づけで、高齢になっても出講している方が多いようです。

一方、マナー研修、新入社員研修を主体にした講師は、50代になるとお声がかかりにくくなってきます。また、ＩＴ系やロジカルシンキングなど新しさや切れ味を要求される分野ではピークが少し早くなる傾向があります。

これらの分野の講師は、少しずつ自分の主戦場をシフトすることで、長く活躍できるようにしていきます。

全体的な傾向はこうですが、例外もあります。**デビューの遅い講師は、年齢を重ねてもバリバリやっている**方が多かったです。

Q　アガリ性なのですが、大丈夫ですか？

講師仲間と話をすると、「緊張しない」という講師は少なく、多くの講師がプレッシャーを背負って日々を送っていることがわかります。

読者の皆さんは、「講師は場数を踏んで話し慣れているのだから緊張しないだろう」と誤解しているかもしれませんが、そんなことはないのです。

この本を読んで下さっているあなたにも、「全社員の前で話をしなくてはならない」という経験があるのではないでしょうか。そんな時は、前日から緊張するでしょうし、当日、出番が近づくと心拍数が上がるでしょう。

講師も同じです。お金をもらうプレッシャーもありますから、それ以上かもしれません。ただ、大勢の前で話すことに慣れていない方に比べ、**緊張に対する打ち手を多く知っている**ということはあります。受講者に問いかけて視線の圧力を減らしたり、自分が動いてリラックスしたり、受講者を動かして場の空気を緩めたりというテクニックを使います。そうして、自分も受講者も早めに調子に乗せ、自然な状態で進められるようにしているわけです。

逆に言えば、アガリ性の方も、そういうテクニックを身につければ、講師業をやっていくことはできるということです。

繰り返しになりますが、私は誰もが講師としてやっていける可能性を持っていると思っています。

終わりに

最後までおつきあいいただき、ありがとうございました。

講師業という職業が皆さんの選択肢としてイメージできたら幸いです。

意外に身近に感じ、「具体的に講師になるための活動をはじめよう」と思っていただいてもいいですし、少し距離を置きながら「将来講師もいいかも」と思っていただくのもよし、「そういうことなら自分はちょっと違うかな」という感想もアリだと思います。

私が皆さんに一番お伝えしたかったのは、普通の講師たちのリアルな姿で、その姿を通じて、皆さんの選択肢として「講師」を検討してみてもらいたいということです。

「講師は自分とは縁遠いスゴい人種」という誤解が解け、**自分の中にある講師としての可能性に目を向けていただく**ことができたなら、本書の目的は果たせたと思います。

現在、**研修、セミナー業界は講師不足に悩んでいます。**特に、需要の多い40代の講師が不足しています。

研修エージェントは「競争力のある駒（講師）が増えれば、もっと営業がしやすいのに」と思っていますし、クライアント側も「たまには違う講師も見てみたい」と考えています。

需要があるのに、講師になる人が少ないのは、長引く不況で本来ならば独立して講師になってもよさそうな方が踏み切れないでいるからです。そんな方が本書を読み、実態を知った上で踏み切ることができるなら、研修、セミナー業界も歓迎します。

また、本来、講師業は体ひとつでできるローリスクなものです。講師にあこがれなど持っておらず、**「独立したいだけ」という方の選択肢**にもなると思います。

今後、定年を迎え**「まだ元気だし、家にいてもヒマだから何かやりたい」**という方も増えてくるでしょう。そういう方の選択肢にもなると思います。

さらに、**子育て、介護といった事情でフルタイムで働けない方**も、1日単位で仕事を請け負える講師業は選択肢になるはずです。

狭い視点で見れば、本書を読んだことがきっかけになり、実力のある人が講師になれば、商売敵《がたき》が増えるわけですから、私は困ります。

ただ、研修、セミナーは全国で数多くあります。今日も何万という会場で研修が行われていることでしょう。私が担当できるのはその中のひとつだけ。欲を出したところでタカは知れています。

それよりも、いつかどこかで会った講師から、「濱田さんの本を読んで講師になったんですよ。講師になってよかった」と言っていただけるほうが私はうれしいです。

そんな日が来ることを願っています。

平成23年4月

濱田秀彦

[著者紹介]

濱田秀彦（はまだ・ひでひこ）

マネジメントコンサルタント。早稲田大学卒業後、住宅メーカー関連会社へ入社、最年少支店長を経て人材開発会社に転職。営業マネジャー、経営企画マネジャーを経て独立。現在は株式会社ヒューマンテック代表。コミュニケーション、キャリア開発のコンサルタントとして毎年100日以上の講演・セミナーを行う。これまで指導してきたビジネスパーソンは15000人以上。主な著書に『課長のキホン』『新入社員ゼッタイ安心マニュアル』（河出書房新社）、『人生を変えた５つのメール』（祥伝社）、『つい口に出る「微妙」な日本語』（ソフトバンク新書）など。

著者エージェント：アップルシード・エージェンシー
（http://www.appleseed.co.jp）

独立《どくりつ》 副業《ふくぎょう》 定年後《ていねんご》 子《こ》育《そだ》て中《ちゅう》 介護中《かいごちゅう》…誰《だれ》でもできる！
じつは稼《かせ》げる[プロ講師《こうし》]という働《はたら》き方《かた》

2011年 5月10日　初版発行

著　　者　濱田秀彦
発 行 者　五百井健至
発 行 所　株式会社阪急コミュニケーションズ
〒153-8541　東京都目黒区目黒１丁目24番12号
電話　販売　03-5436-5721
　　　編集　03-5436-5735
振替　00110-4-131334

印刷・製本　図書印刷株式会社

ISBN978-4-484-11209-1